こんなときどうする？

# 生徒指導

## 校則・懲戒・体罰・指導死

編集代表・編著
梅澤秀監

学事出版

# 編著者代表のことば

　生徒指導をめぐる最近10年間の状況は、例えば2013（平成25）年に「いじめ防止対策推進法」が制定され、学習指導要領は2017（平成29）年に小・中学校、2018（平成30）年に高等学校が改訂されました。2021（令和3）年には中央教育審議会の「『令和の日本型教育』の構築を目指して（答申）」が出されました。2022（令和4）年4月に「改正少年法」が、6月に「こども基本法」「こども家庭庁設置法」が成立しました。12月に改訂版『生徒指導提要』が公表され、生徒「支援」という立場が明確になりました。このように、生徒指導に関わる制度や法律が大きく変更された、激動の10年でした。

　学校を取り巻く環境ではGIGAスクール構想に伴い、児童生徒一人ひとりが端末を所有するようになりました。このことは、コロナ禍の影響を受けて推進が進み、ICT教育の必要性が益々高まりました。また、チャットGPTの出現は、教育の世界にも大きな影響を与えました。

　こうした状況の中で、学校現場で日々生徒指導に取り組み、苦労されている先生方に、最新の情報や考えるヒントをお伝えして、生徒指導に役立てていただきたいと思い【事例】【指導の振り返り】【課題解決に導く基礎知識】という構成からなる、5分冊の書籍を制作しました。

　本書で紹介した事例は、各学校で起こる可能性のあるものを選び、その指導過程にスポットを当てて、詳しい解説を付けました。成功事例だけでなく、指導課題が残る事例もありますが、解説を読んで参考にしていただければ幸いです。なお、各巻は各編著者の責任で編まれたため、構成が各巻ごとに若干異なりますことをご了承ください。

　本書の刊行にあたり、事例を提供してくださった先生方、各巻の編著者の先生方、編集・校正を担当してくださった皆様に改めてお礼申し上げます。ありがとうございました。

編著者代表　梅澤秀監

# はじめに

　本書では「校則・懲戒・体罰・指導死」をテーマに取り上げました。本書の構成は「事例」と「指導の振り返り」そして「課題解決に導く基礎知識」からなり、問題解決のヒントを示しました。

　1980年代に「細かすぎる校則」が社会問題になり、全国的規模で校則の見直しが進められました。「男子は丸刈り」「女子は三つ編み」という頭髪に関する校則や「靴下は白色」「下着の色は白またはベージュ色」という服装に関する校則もありました。1980年代の校則の見直しで、多くの細かすぎる校則は改定・廃止されました。ところが、時間の経過と共に、校則が再び細かく規定されるようになったのです。そのため今、改めて校則の見直しが進められています。

　懲戒に関して、高等学校では「退学」が認められているため、問題行動を繰り返すと「退学」が申し渡される場合があります。生徒の進退に関わる重大な問題です。教育的配慮から「進路変更を勧める」場合もありますが、「退学」と実質的に変わりません。中学校では「出席停止」があります。条件が難しいため、実施件数は多くはありませんが、教室から隔離するため、様々な配慮をしても、問題は残ります。

　体罰は近年大幅に減少しました。しかし、なくなったわけではありません。同じ教員が繰り返し体罰を振るっている現状があります。

　最後に指導死です。生徒指導を受けた生徒が、自死することがあります。不適切な指導の結果、起こる場合が多いと言えます。

　日々生徒指導でご苦労されている先生方に、考えるヒントをお伝えして、生徒指導に役立てていただきたいと思います。

　本書の制作にあたって、事例を提供してくださった先生方に心からお礼申し上げます。また、編集・校正の労をとっていただいた皆様にもお礼申し上げます。大変ありがとうございました。

編著者　梅澤秀監

こんなときどうする？生徒指導
校則・懲戒・体罰・指導死

# 目　次

# Chapter 1

............

# 校則

# Case1

# 校則への異議申し立て
## (高校生)
• • • • • • • • • • • • • • • • •

〈事例〉
## 1 厳しい校則

　公立高校のなかでも比較的伝統のあるＭ高校は、その立地も影響してか、入学してくる生徒の学力が急速に低下していきました。それに伴って、生徒の問題行動も増え始めていたため、生徒指導部が主体となり、校則の厳格化を進めていました。頭髪の色や髪型はもちろん、それまで緩やかだったソックスの色までを「白・紺・黒」のみとし、朝の登校時の立ち番指導で、そういった校則の厳守を生徒に求めていたのでした。

　「先生に叱られるから」と何となく校則に従っている生徒が多く、その無気力な雰囲気が広がりだしていくにつれて、学校全体から活気がなくなっていくのがよく分かりました。文化祭や体育祭も主体的に参加しているというよりも、「先生が言うから」という姿勢で臨んでいる生徒が多く、どうしても盛り上がらない行事になっていたのです。

## 2 ある朝の出来事

　いつものように立ち番指導が行われていたある朝、ソックスの色のことで何度か注意を受けていた２年生のＡ男が生徒指導主任から厳しい叱責を受けました。この日はオレンジ色のソックスを履いて登校してきた

のです。

　それまでは注意をされても、「は～い」と適当に受け流していたＡ男もこの日は激しく口答えをし、「なぜ白・紺・黒でなくてはいけないのか、その理由を説明してください」と詰め寄ったのです。

　主任は「ルールはルールなんだよ」と反論したものの、当然Ａ男は納得せず、結局その場を担任が収めたのですが、Ａ男はそのまま帰宅してしまいました。

## 3　ホームルーム委員会を動かした

　Ａ男は２日間学校に登校せず、心配した担任と所属する部活動の顧問Ｆ教諭が家庭訪問をしました。

A男とこの顧問との間には日頃からの信頼関係があったようで、「僕は１年間校則については我慢してきましたが、勉強をすることとソックスの色と何が関係あるのか、どうしても納得できません」と、あの朝の出来事への思いを語りました。

　これに対してＦ教諭は、「じゃあ自分達の力で校則を変えればいいだろう」と一言。担任は不安そうでしたが、Ａ男が翌日から登校すると約束をしたところで家を後にしたのでした。

　登校したＡ男は、さっそく部活動とホームルームの友人数名に声をかけ、何やら話し合いを始めました。Ｆ教諭から助言された「自分達の力で校則を変えればいい」を実行に移す計画を立てていたようでした。

　１週間後、Ａ男が在籍する２年生の各クラスの代表で構成されるホームルーム委員会が開かれました。校則に不満を持つ生徒は他学年にもいたはずですが、この段階では「ソックスの色問題」に留まっていて、大きなうねりにはならなかったのでした。

　しかし、教員も出席することになった３回にわたる全学年の各クラス代表が集まったホームルーム委員会の話し合いでは、帰国子女だったＢ男とＣ子がアメリカの校則の様子を資料にして説明したり、制服があることの意味を議題にしたりしながら進められました。その結果、学年ホームルーム委員会の名で、生徒会と職員会議に対して「校則の見直し」を要求することを決めました。

　これがＭ高校の全体の校則が変わっていく第一歩だったのです。

# 指導の振り返り

## ❶ 第2学年と生徒指導部

　第2学年の各担任の間でも当然のように意見は割れていました。A男の日頃の生活態度を問題視する教員は、「法律やルールを守ることを教えるのは学校の責務」として、ホームルーム委員会の開催そのものを認めないと主張しました。一方で、「学校の中心となるべき2年生が主体性を発揮する良い機会」と説いて、まずは委員会でどのような話合いができるのかを見守るべきであると主張する教員も数名いました。また、生徒指導部内でも意見は分かれ、同時に第2学年の動きへの反発の声も上がってきました。「ゆるい学校」へと変わってしまうことへの危機感のようなものだったのでしょう。

　ただここで、生徒指導部の一人でもありA男の部活動の顧問でもあるF教諭が、学年と生徒指導部、更にはホームルーム委員会との間を取り持つ役割を果たしたのです。各組織の代表者（学年主任・生徒指導主任・ホームルーム委員長）の話し合いの場を設定し、教員内にも多様な意見があることや校則の必要性では一致していることを確認して、学年ホームルーム委員会への教員の参加を条件にその開催を承認することになったのです。

## ❷ 学年ホームルーム委員会から生徒会へ

　初回の学年ホームルーム委員会は、「どうせ校則なんか変えられない」という雰囲気があり活発な意見はでませんでした。しかし、2回目

からは、B男とC子らが調べてきた「アメリカの生徒指導の在り方」の資料に関心が集まり、状況に変化がみられました。資料にある「校則は命や人権を守るためにあるべきで、ソックスの色や頭髪のような見かけのことを規定するものではない」という記述には賛同意見が出てきたのです。出席していた教員の顔には、「こんなに自らの意見を生き生きと述べたり、自分事として考える生徒の姿を初めて見た」という驚きの色がありました。学校の主体を生徒にしていくことの大切さを再認識した瞬間だったかもしれません。

　最終的には、この委員会に対して各主任の教員から「安心して勉強ができるための校則を考えること」と「M高校全体の声を聞くために生徒会で議論すること」の提案もなされて3回目を終えたのです。

## ③　生徒会から職員会議へ

　学年ホームルーム委員会から要望された生徒会は、全校アンケートを実施しました。そして、その結果を集約して、次の3点を「学校への質問」という形で職員会議に提出してきました。

　①校則は、誰のためにあるのか
　②各校則は、なぜ必要なのか（校則の意義）
　③校則の改定は、どのように進めるのか

　職員会議では「無回答でよし」という意見もありましたし、ただちに改定することの危うさを主張する声がありました。しかし、ホームルーム委員会に出席していた教員からの「主体的な生徒に変化する姿」の説明には説得力があり、学校として校則の見直しを進める議論に入っていったのでした。

　まずは、現状の生徒に現行の校則が必要かどうか、生徒手帳にある各条の点検を生徒指導部が行っていきました。そして、本当に必要なら、それはなぜかを職員会議で議論し、結果を生徒会に戻すという作業を何度かくり返していったのです。ここでは、着任直後の校長が議論をリー

ドし、生徒会との対応にも出席するという前例のない対応をしていました。チーム学校の一つの在り方とも言えます。

## ❹　生徒と共に変えていく学校

　数回の職員会議と各分掌会議での検討を経て、生徒会からの質問には回答書を添えて返答がなされました。結果、①校内外の生活に関わることで社会常識となっている校則。②生徒・教師の安全を守るための校則。③学校運営に必要な校則等はそのまま生徒手帳にも残す。そして、④教育的な意味が説明できない「ただの規則」になっている校則は削除することになりました。しかも、①〜④を決めていく過程に生徒会は参加することもできることが明記されていました。

　この流れの中で、A男が反発していたソックスの色は④に該当するとして、その校則がなくなっていったのです。その他、バッグや靴や体操着の規制、下校後の寄り道やアルバイトの規制等々が次々に撤廃されていきました。そして数年後には、学校行事の内容を規制するルール等にも改定の手が入り、低調だった特別活動が活性化していくことにもつながったのです。

　ここに至るには、様々な教員が生徒に寄り添った形で裏から支え、最終判断をする校長が学校の実情を的確に把握していたということもあったでしょう。ただ何よりも、生徒たち自身のなかに、「学校を自分たちの手でより良くしていく」との主体的な意識が育っていったことに大きな要因がありました。そうなるような働き掛けが教員側からなされたからであることは間違いないのですが。

　1980年代から90年代に見られた「厳格な校則による管理」は、それだけが暴走すると生徒を無気力化させるという教訓があります。M高校は、そこから脱して、学校を生徒参加によって変えていくことに意味を見いだそうとした「勇気ある学校」だったかもしれません

## 課題解決に導く基礎知識

### 1 納得できない校則

　ソックスの色を「白・紺・黒」と決めている校則が納得できずにいたＡ男が、激しく詰め寄る場面がありました。これをきっかけに、生徒の力で校則を変えようと、動き出した事例です。

　Ａ男に対してＦ教諭が言った「じゃあ自分たちの力で校則を変えればいいだろう」という一言がきっかけとなって、Ａ男が動き始めました。

　Ａ男がホームルーム委員会に対して校則に関する問題を提起したことは良かったと思います。正式なルートを通じて校則の変更を目指したからです。また、他の生徒の中にも、現在の校則に対して不満を持っている者が多くいたこともあって、話し合いの機会を持つことができました。また、帰国子女から、アメリカの校則の様子を資料にまとめて説明してもらったことも、校則の見直しに大きく貢献しました。

　対応したＦ先生や２学年の担任団も真剣に取り組んだことは重要なことでした。さらに、校長がリーダーシップを発揮して、生徒の意見や要望について、真摯に受け止めたことも大きく影響しました。

### 2 『生徒指導提要』を読む

　『生徒指導提要』では、「校則の在り方は、特に法令上は規定されていないものの、これまでの判例では、社会通念上合理的と認められる範囲において、教育目的の実現という観点から校長が定めるものとされています」「校則の制定にあたっては、少数派の意見も尊重しつつ、児童生徒個人の能力や自主性を伸ばすものとなるよう配慮することも必要です」と説明しています。事例では、校則の制定権を持つ校長が率先して生徒の意見を聞こうとしました。生徒からすれば、校長先生が我々生徒

の意見を聞いてくれていると理解して、議論が前向きに進んだことと想像できます。そのため、生徒の自主性を伸ばすことにもつながったと思います。

「校則の運用」では、「校則に基づく指導を行うに当たっては、校則を守らせることばかりにこだわることなく、何のために設けた決まりであるのか、教職員がその背景や理由についても理解しつつ、児童生徒が自分事としてその意味を理解して自主的に校則を守るように指導していくことが重要です。そのため、校則の内容については、普段から学校内外の者が参照できるように学校のホームページ等に公開しておくことや、…（中略）…制定した背景についても示しておくことが適切である」として、校則を学校のホームページ上に公開するとともに、校則の改定手続きを明文化して、児童生徒と保護者に周知することを求めています。

校則を公開することは、当然批判を受けることがあると想定して、批判や疑問に対して説明できるよう準備する必要があります。

校則の見直しは喫緊の問題です。事例を参考にして、各学校では誰もが納得できる校則の制定に努力してほしいと思います。

## 3 判例を見る

校則の制定に関する裁判の判決文で参考になるのが、「神戸地裁・学校規則違法確認事件・平成6年4月27日判決」です。今までの裁判を集約した内容です。

判決文では、「学校は、国・公・私立を問わず、生徒の教育を目的とする教育施設であって、その設置目的を達成するために必要な事項については、法令に格別の規定がない場合でも校則等によりこれを規定し実施することのできる自律的、包括的な権能を有す」として、学校に校則の制定権があることを認めています。

## 4 校則の制定・改定

　校則は学校生活を円滑に送るために必要なルールです。校則の内容は

①施設の管理運営上、生徒の施設利用に一定の制約を加えざるを得
　ないために設けられるルール。
②他人の利益を侵害する行為を禁止するルール。
③服装・頭髪などの、生徒の生活に関するルール。

　これらの3点が必要最小限の校則であると考えます。ただし、あまり
にも詳細な校則は、生徒指導を行う上で、解釈や運営上困難を伴うこと
があります。一度、校則の点検・見直しをするとよいでしょう。
　校則を改定する際には、生徒や保護者の意向も聞くとよいと思います。
生徒の意見を聞くとおかしなことを言ってくるのでだめだ、と考える先
生もおいでになると思います。しかし、キチンと説明すれば、意外と生
徒は妥当な答えを導き出します。
　最終的には、校長先生が教職員や生徒・保護者の意向に配慮しながら、
必要な校則を決定すればよいのです。


## 5 校則に関する法的関係

　学校は教育という公的な機能をもった施設として、教育基本法以下の
諸法律に基づいて運営されているため、国立・公立・私立を問わず、学
校を規律する校則の性質についても、憲法、教育基本法を中心とする法
体系の中で統一的にとらえなくてはなりません。
　国・公立学校の学校長は法令に基づかなくとも、広範な規則制定権や
懲戒権があるとする判例の立場や、私立学校においては、学校と生徒と
の間に憲法上の問題が生じても裁判所は一切立ち入らないとする考え方

は疑問です。なぜなら、学校が子どもの学習権を保障する諸法律に基づく施設である以上、国立・公立・私立を問わず、憲法や教育基本法に基づく生徒の基本権が擁護される場でなくてはならないからです。

　学説では、在学関係の法的性格を対等な当事者間の契約関係とみなし、校則は生徒指導の基準であって、その違反をただちに懲戒処分に結びつけることは、教育目的に合致せず違法であるとする考え方も示されています。

　校則に関わる、学校と生徒との法的関係について、明確な説明が求められているのです。

## 6　校則に関する理論

　**「特別権力関係論」**＝特別な関係である場合、本人の同意や法律によって、本来認められるはずの権利が制約されることがあります。このような関係を正当化する、明治憲法下の理論で、現在では、学説上これを支持する見解はありません。

　特別権力関係の理論が成立する場合としては、公務員、受刑者、伝染病等の患者が挙げられてきました。しかし、現在の日本国憲法においては特別権力関係の理論はそのままでは妥当しないとされます。

　**「部分社会論」**＝学校は、一般社会とは異なる特殊な部分社会であるため、学校の設置目的を達成するためには、校則等によって、規定することができます。

　判例では、富山大学単位不認定事件最高裁判決（最高裁1977〈昭和52〉年3月15日第3小法廷判決）において「部分社会論」が示されました。「部分社会論」について判例は「大学は、国公立であると私立であるとを問わず、学生の教育と学術の研究とを目的とする教育研究施設であって、その設置目的を達成するために必要な諸事項については、法令に格別の規定がない場合でも、学則等によりこれを規定し、実施するこ

とのできる自律的、包括的な機能を有し、一般市民社会とは異なる特殊な部分社会を形成しているのであるから、このような特殊な部分社会である大学における法律上の係争のすべてが当然に裁判所の司法審査の対象になるものではなく、一般市民法秩序と直接の関係を有しない内部的な問題は右司法審査の対象から除かれるべきものである」と判示しました。

**「在学契約論」**＝国・公・私立学校を問わず、在学関係は、学校（設置者）と生徒・保護者との間の契約に基づいて成立していると考えます。在学契約論には、「符合契約説」と「在学契約説」があります。

**「符合契約説」**＝学校は、教育上、管理・運営上必要な場合には、契約の内容を優先的に形成（校則を制定）する権能をもっているという考えです。

**「在学契約説」**＝1970年代の終わり頃から登場した理論。学校（設置者）と生徒・保護者との関係を、対等な当事者間の契約関係と捉え、校則は両者の合意によって締結された契約内容を示すという考えです。

# Case2

# 髪形・化粧のせいで卒業式に出られない（高校生）

・・・・・・・・・・・・・・・・・・・

〈事例〉

## 1　頭髪指導の始まり

　この高校では、頭髪の加工（染色・脱色・パーマ等）は禁止されています。多様な背景を持った生徒が集まる学校ですが、学校としては一貫して、校則を守ることを指導しています。特に、高校卒業後の就職のために、企業の面接で面接官に良い印象を持ってもらおうと、"清潔感のある"黒髪であること、"高校生らしく"化粧をしないことを徹底して指導しています。朝の校門で、生徒指導部の教員が当番制で指導に当たることもしばしばあります。校則が厳しいことは、進路実現のために必要だと刷り込まれる生徒たちは、それに従わなければならないという暗黙の了解があります。

　ある日、高校２年生のＡ子は、髪の毛の色は生まれつき茶色いのに、黒く染めるように生徒指導部の教員から注意されました。入学時に、地毛を証明する書類を学校に提出しているにも関わらずです。Ａ子の他にも、茶色い髪で注意されていない人がいるのに、なぜ私だけが注意をされるのか理不尽だと思っています。しかも、１年生のときは、何も言われなかったのに、生徒指導部の教員が代わったら、廊下ですれ違うたびに執拗に声をかけられるようになったのです。１年生のときのホームルーム担任は、すでに他の学校へ異動してしまっているので、私（保護者）には地毛である証明書がどこにあるのかわかりません。今のホーム

ルーム担任からは、注意されたのだから直してきなさい、と味方にはなってくれません。友だちに相談しても、「仕方ないよね、言われたら直しておいた方がいいよ」と、指導されない方が今後のためになるとアドバイスをするだけでした。校内には、指導に従わずにごまかしている人もいますが、Ａ子は指導に従った方がいいのかもしれないと、モヤモヤした気持ちを抱きながら、保護者に相談しました。保護者も、進路希望を叶えるために必要なのであれば、黒く染めるのは仕方ないという意見でした。

　結局Ａ子は、指導内容や理由は納得できなかったものの、注意された翌日に髪を黒く染めてきました。その後も、黒染めが落ちて茶色い部分が見え始めると、生徒指導部の教員から声をかけられることが多くなったので、そのたびに黒染めを繰り返しました。

　高校3年生になり、学校推薦の就職活動を経て志望企業に内定が決まりました。そのころから、これまで受けてきた校則、特に頭髪に関する指導にさらに違和感と学校への不信感を抱くようになったのです。

## 2 卒業式の変化と指導

　卒業式の日、Ａ子が普段と異なる格好で登校してきました。これまでは校則に従って地毛の茶色い髪を黒く染めていましたが、卒業式は正式な場であることから、校則の指導には従いたくないと思ったのです。Ａ子の校則違反は頭髪だけでなく、髪の加工と髪飾り、化粧もしています。実は、Ａ子は国籍が異なる両親から生まれています。正式な場である卒業式は、自らのルーツに合わせた服装がＡ子にとって「清潔感があって、高校生らしい」と言うのです。

　学校側はこれまで通り、卒業式に向けて、正装の制服・校則に従った頭髪をするようにという指導方針です。生徒指導部の教員だけでなく、学年の教員のホームルーム担任も共通の認識で指導に当たっています。

　そのため、Ａ子は当日の生徒指導の対象となりました。他の校則違反をした生徒たちと同じく、別室に連れていかれました。卒業式前のホームルームに出席することが許されず、生徒相談室で３人の教員に囲まれました。なぜ今日になって校則違反をするのか理由を聞かれたＡ子は、泣きながら自らのルーツの話を始めました。しかし校則で決められた以外の髪型や化粧を聞き入れてもらうことはできず、教員たちから黒髪にするためにヘアスプレーで黒にすることを強要されたのです。

　その指導内容にＡ子だけが強く抵抗し、卒業式の開式の時間が迫っても、教室に戻ることも、クラスの全員と同じ座席に座ることも許されませんでした。保護者も本人の主張や生まれた国が違うという特別な事情があることを認めてほしいと言ったのですが、「学校の秩序を守るためには必要だ」と、生徒指導主任（生徒指導主事）に言われました。

　結局、Ａ子には一人だけ離れた会場の後ろの座席が用意され、そこに座るように指示されました。卒業式という空間には出席することができましたが、呼名の返事をすることもなく、ずっと下を向いたまま卒業式は終わっていきました。

# 指導の振り返り

## ① 校則は何のため・誰のためか

　校則は、学校が教育目的を達成するために必要かつ合理的な範囲内において定められるものです。児童生徒が心身の発達の過程にあることや、学校が集団生活の場であることなどから、学校には一定のきまりが必要であり、適切な指導を行うことは極めて重要なことであり、校則は教育的意義を有しています（文部科学省、令和3年6月事務連絡）。また、校則の在り方は、特に法令上は規定されていないものの、これまでの判例では、社会通念上合理的と認められる範囲において、教育目標の実現という観点から校長が定めるものとされています（文部科学省『生徒指導提要』令和4年）。

　しかし、生徒の実情や保護者の考え方、社会の常識の変化、時代の進展などから、その実態になじまない事例が多く見られます。近年それは、「ブラック校則」と言われることがあります。生徒は非合理なきまりを押し付けられていると感じないよう、適切な指導と校則の見直しが必要です。学校側は、特別活動等を通して、校則について確認したり、議論したりする機会を設けることが求められます（文部科学省『生徒指導提要』令和4年）。

　今回の事例では、生徒の実情を知る機会は何度もありました。しかし、校則を守らせることが通例となっている学校文化の中で、生徒が声をあげづらいことがわかります。校則を守らせることに注力するあまり、生徒にとって何が必要な対応か考えられていません。また、校則の運用の

段階で学校側（生徒指導部やホームルーム担任）と生徒側の齟齬が生じています。個々の生徒に応じて、学校として指導を統一したり、柔軟に指導方法を変える必要があったといえます。Ａ子の指導の後、学校として、校則の意義を伝え直すことから始めていくことから改善を図りました。

## ❷　校内の生徒指導体制

　生徒指導部は、学校の生徒指導を組織的、体系的な取組として進めるための中核的な組織です（文部科学省『生徒指導提要』令和4年）。

　しかし、この事例の場合、1年生のときは指導対象ではなかったのに、2年生になって指導担当の教員が代わったら指導内容が変わる、というのは組織的な指導ができているとはいえません。生徒指導部として、指導の統一が図れていなかったことを認め、教員個人の判断や指導ではなく、チームとして指導に当たれるように体制を組むことを伝えました。また、1年生のときのホームルーム担任が預かった書類や情報を、校内で共有・引継ぎができていないことも課題として挙げられます。生徒や保護者からすると、学校には伝えてあるはずなのに、どうして理解してもらえないのか、と思うことが不信感につながっています。Ａ子のことに限らず、生徒指導部と学年やホームルーム担任等が、校内で指導内容を確認する仕組みを見直しました。

　そして、生徒指導部から注意をされたＡ子の主張に、学校として誰も寄り添えていなかったことから、生徒の個別の事情を聞き取り、指導・援助する体制を整えました。Ａ子が卒業式中に、他の生徒から席を離されたことやずっと下を向いていたことは、Ａ子自身を深く傷つけたことでしょう。在校生の中にも、このように多様なルーツがある生徒がいると想定できるため、何のための校則であるのか、今回のような頭髪指導はなぜ必要なのか、生徒が理解できるよう説明して、生徒自身が主体的に校則を守るような指導を図っていきました。

### ③　校則の見直し

　A子のような特別な事情は、国籍だけでなく性別や障害、特別支援教育の視点で、合理的な配慮等が必要な場合もあります。個々の抱えている課題が早い段階で表面化することもあれば、A子のように違和感がありながらも、学校に従ってサインやSOSを出さない生徒もいます。特に、校則は「学校が決めたもの、守らなければならないもの」という指導が徹底されるほど、生徒の意見が隠れてしまうことがあります。

　校則については、制定されてから時間が経っており、時代に合っていない校則規定もあるため、常に過去の基準で指導をすることは危険です。適宜・適切な見直しが必要です。もちろん、全てを見直す必要があるのではなく、定められた校則によって、学校生活に大きなマイナスの影響を受けている生徒がいないかを観察・検討します。

　例えば、制服の種類が豊富でない学校の場合、ズボン（スラックス）とスカートを選択できないこともあります。校則で決められたようにしたくとも、できない何らかの事情がある場合は、学校として対応しなければなりません。それは、規則を緩めるということではなく、生徒の個々の事情に合わせて柔軟に解釈・対応するという意味です。正装の場面で、「女子はリボン・スカートを着用する」と決めている場合、どちらも身に付けたくないのであれば、「ネクタイ・ズボン（スラックス）も着用することが可能」であるとすれば、生徒自身が選択できるようになり、事情に合わせた指導をすることができます。

　また、校則の見直しには、誰にでも伝わる具体的な表現にする必要があります。この事例のように「清潔感のある」「高校生らしい」という表現は、いかようにも解釈できてしまい、統一した基準にはならないのです。そのような表現を変更して具体的な言葉にしました。また、入学する前に確認して納得した上で、学校を選択できるように、ホームページに校則を掲載する工夫をしています。

## 1 事例を読み解く

　事例の高校は、ごく一般的な校則を制定していて、その校則を生徒に一律で守らせることが重要であると考えているようです。卒業後の就職を見据えたうえで「企業に良い印象を持ってもらいたい」という願いから「清潔感」や「高校生らしさ」をアピールしようとしていたのです。生徒の進路実現を考えると、全くの間違いであるとはいえません。

　Ａ子が入学した１年後に、Ａ子を取り巻く環境が変わったため、以下のような大きな変化が生じました。

　①元々髪が茶色だったため、地毛証明書を提出しているにもかかわらず、髪の毛を黒色に染めなさいと注意を受けたこと。

　②他の生徒の中にも、髪が茶色い者がいるのに、Ａ子だけが注意されたこと。

　③１年次には、注意を受けたことがなかったのに、生徒指導の教員が代わったら、注意をされるようになったこと。

　④担任に地毛証明書を提出したのだが、その担任は異動して、現在、高校にいないため、地毛証明書の存在が不明なこと。

　生徒指導担当の先生から注意を受けたため、現在の担任は「言われたら直した方がよい」とアドバイスをしました。友人も保護者も「直した方がよい。仕方ないよ」との意見でした。やむなくＡ子は、納得したわけではないものの、髪を黒く染めました。

　３年に進級し、就職が決まり、卒業式を迎えた日に、Ａ子は、国籍が異なる両親から生まれたこともあって、決意して、自分が納得できる髪形・化粧をして「自分らしさ」を表現することにしたのです。学校は、当然認めませんでした。結局、Ａ子は会場の後ろの席に座らされ、式は終了しました。

## 2　A子の決断

　卒業式の日、A子は自分のルーツに基づく髪形・化粧で卒業式に臨みました。しかし、学校は拒否的な態度で、A子に改善を迫りました。A子は頑なに拒否したため、式場の後ろの席に座らされ、呼名があっても返事をすることも許されませんでした。こうなると、お互いに根競べになってしまいました。

　卒業式は「儀式的行事」といって、特別活動の学校行事のなかでも、極めて重要な意義を持っています。高校の卒業式は人生の中で一度しかありません。その重要な儀式に参列できないことは、A子自身にとっても悲しく、寂しいことです。高校側は校則を盾に頭髪・服装を改善しなければ出席を認めないという姿勢をとり続けました。

## 3　高校の対応の変化

　事例を受けて、高校側は対応が変化したようです。新しい『生徒指導提要』を参考にして、学校として、生徒に校則の意義を伝え直すことが重要と考えて、改善を図りました。これは、とても重要な取り組みといえます。

　次に、生徒指導の担当者が代わったために、指導内容や指導方法などが変わった点を改善するため「チームとして指導に当たる」ことにしました。まさに「チーム学校」を具現化する取り組みと言えます。その際に、生徒指導部と学年やホームルーム担任等が校内で指導内容を確認する仕組みの見直しを行ったのです。組織的な対応をするために必要な見直しであったと考えます。

　事例では、A子の事情をもう少し詳しく聞き取って、指導・援助する体制を整える必要がありました。そもそも、何のための校則なのか、学校は生徒が理解できるよう説明することが重要です。説明できない校則

は存在価値がないのではないでしょうか。もう一度、学校として検討する必要があります。

　髪形に限らず、服装でも同じことが言えます。「多様性の重視」「個性の尊重」などといっている現代社会において、硬直した校則は受け入れ難いと思います。もう少し柔軟な対応をしても良いのではないでしょうか。例えば、頭髪の「ツーブロック禁止」をやめたり、女子の制服のスカートにズボン（スラックス）を加えて選択できるようにした学校も増えています。

　『生徒指導提要』では、校則をホームページに掲載することを求めています。事例の高校でも校則を見直して、ホームページに掲載する工夫をしたとのことです。ホームページに掲載するということは、誰でも閲覧できる状態にするということです。誰もが納得できる校則の制定が求められています。

　校則に関する判例では「学校は、国・公・私立を問わず、生徒の教育を目的とする教育施設であって、その設置目的を達成するために必要な事項については、法令に格別の規定がない場合でも校則等によりこれを規定し実施することのできる自律的、包括的な権能を有す。」としています。つまり、法律によるきまりはありませんが、各学校が必要に応じて制定し、実施することが可能ということです。

　学校には建学の精神や教育目標などがあって、それに基づく校則が制定されていますが、あまりにも不合理な規定では、だれからも支持を得ることができなくなります。

# Chapter 2

懲戒・体罰

# Case3

# 大学受験の不安から
# カンニング（高校生）

・・・・・・・・・・・・・・・・・・・・・

〈事例〉

## 1　開始が遅れた受験勉強

　高校3年の第1学期期末考査、D子は、英語の試験でカンニングをしました。小さな紙に答えを書いて準備し、必死に紙片を見ていたところ、目の前に試験監督のG先生が立っていて、G先生は、周囲の生徒に気付かれないように、そっと紙片をD子の掌から抜きとりました。体中から力が抜け、様々なことが頭の中を駆け巡るうちに英語の試験は終了しました。

　答案用紙が回収され、教室をいったん出たG先生は、再度教室をのぞき込み、D子に自然に声かけし、職員室に同行させました。

　D子は、国公立の理系大学進学を目指していました。家庭もそれほど裕福ではなく、国公立ならば多少なりとも親の負担を軽減することができるし、自分のやりたい研究の施設設備も希望の大学は申し分ありませんでした。高校3年生の6月までは、女子バレーボール部の部長としてほぼ毎日部活動に明け暮れていて、3年0学期と言われる2年生の3学期から受験勉強を始める予定でした。しかし、部活動の疲れを理由にして家庭での学習をおろそかにしていました。それでも、通学途中や休み時間などは勉強したのですが思うようにはかどらず、気が焦るばかりでした。

　ある日、D子は、部活動の顧問教諭であり、進路指導部の英語を担当

している先生に、思い切って効果的な勉強方法を尋ねたところ、そんないい話があったらみんなやっている、と一蹴され、ホームルーム担任のＫ先生にも相談すると、少し目標を下げてみたらどうか、そうすれば今からでも間に合うのではないかと言われ、期待する答えではありませんでした。

　小学校からの幼馴染みで、何かと励まし合ってきたＥ男も近頃は勉強に拍車がかかり、わざわざ話を聞いてもらうのも気が引けていました。気ばかり焦ってうまく勉強が手につかず、かといって目標は下げたくない、複雑な思いが頭の中を駆け巡っていました。授業中もクラスの皆は総て理解しているように見え、解らないことに躓いている自分が情けなくて仕方がありませんでした。部活の同期は人数が少なく、かつ進路が皆違うので、勉強のことについて相談するという気にはなりませんでした。

　定期考査直前まで一生懸命勉強したのですが、もともと考えていなかった推薦入試のことが頭をよぎり、この定期考査で少しでも良い成績

を取らないと指定校推薦を取ろうと思っても取れなくなってしまう、などと考えるなど、勉強が思うようにはかどらない、わからないことが多過ぎるといった雑多な悩みが平常で正常な心を乱していました。そんな心の状況がD子をカンニングに駆り立てました。

　定期考査当日、カンニングをすると決めていたわけではないのだけれど、それをすることが必然のように思えて、そうしなければ大学に行けないと思い、カンニングを実行したのでした。

## 2　不正行為と事後指導

　D子は職員室にいったん行きましたが、試験中なので、生徒の出入りはまずいということになって、担当になったF先生は、自分の教科準備室に程近い4階のゼミ室にD子を移動させました。F先生に、カンニングに至った経緯と今反省していることを書きなさいと言われ、D子は書き始めました。

　F先生から、「カンニングは全科目が零点になることを知らなかったのか？」と言われ、思いも寄らなかったD子は愕然としました。取り返しのつかないことをしてしまったとの絶望感が募り、もう生きていても仕方ないというように段々と思えてきて、反省文も書く気が失せていきました。

　進捗情況が気になるF先生は、さっさと書いてしまいなさいとせかしていましたが、D子は、そこにいることが苦痛に感じ始め、トイレに行くと言って教室から出ました。先生はついて来ませんでした。廊下の突き当りにある窓に向かって歩き、吸い込まれるような感覚になってD子は窓から飛び降りました。

指導の振り返り

## ① 指導の経緯とポイント

### （1）発見の経緯

　D子が席を離れて30分ほどのち、F先生はD子がトイレから戻らないことに気付き、周辺を探しました。取り急ぎ、H生徒指導主任に報告しようと思い、職員室に行きました。行く途中、何人かの生徒にD子を見なかったか？と尋ねました。職員室でH生徒指導主任から指示を受け、他の階を別の教員にお願いし、もう一度、D子に反省文を書かせていた4階ゼミ室に戻ろうとしたところ、4階の廊下から生徒の悲鳴が聞こえました。開放された4階廊下の窓際に何人か生徒が座り込んでおり、F先生が窓から乗り出して下を見てみると、D子が地面に横たわっていました。

### （2）事情聴取などの方法と留意点

　D子のプライバシーについて、G先生は、教室からD子を職員室に連れていく方法を工夫して、周囲の生徒にD子が試験中に不正行為をしたことを気付かせないように一定の配慮を行いました。

　一方、定期考査期間中ということもあり、放課後の生徒の数はまばらで、F先生は、あまりプライバシーの管理に気を使いませんでした。反省文を書かせる場所も、4階の自分の教科準備室の近くにある、中がよく見えてしまうゼミ室を使用することにしました。校長から特別指導の内容を伝えてもらうために保護者が登校するまでの時間、反省文を書い

てもらいながら、こちらは採点を行おう、といった感じでした。

　Ｆ先生は、定期考査期間中に休暇を取る必要があったので、採点業務を早く終わらせたいという焦りもあり、Ｄ子から話を聞くこともなく、Ｄ子が反省文を書いている間も同じゼミ室内で採点をしていました。他の先生も採点や今後のテスト問題の作成、成績処理等があり、交代要員はいませんでした。

　Ｄ子がトイレに行くと言って席を離れるとき、Ｆ先生は、一瞬同行したほうがよいのでは、という考えが頭を過りましたが、比較的トイレの場所も近く、普段は真面目な生徒だから用が済んだらすぐに戻ってくるだろうと思い込み、一人で行かせてしまいました。また、採点していたので、Ｄ子が戻ってこないと気付くまでに30分ほどの時間が経っていました。

　Ｆ先生は、Ｄ子に同行しなかったことについてその後深く悩み、しばらく職場に行くことができなくなってしまいました。また、ホームルーム担任のＫ先生も精神的ショックが大きく、他の生徒達への事後指導に大きく影響を及ぼしました。

　発見時、意識不明の状況で、心肺蘇生が行われる中、Ｄ子は救急搬送されました。複数個所の骨折や強度の打撲など重傷でしばらくの間、集中治療室での治療が続きましたが一命をとりとめ、最悪の事態は免れることができました。

　家族やクラスメート等の献身的なサポートによって歩行もできるようになり、社会生活に復帰することが可能になりました。

　長期にわたる治療やリハビリテーションにより、車いす登校もできるようになり、学校が提供した学習支援にも本人が応え、遅れていた勉強も徐々に取り戻し、何とか同期の生徒と一緒に卒業することができました。

## ② 指導体制

　カンニングによる特別指導は、多くの学校の場合、謹慎指導と、その回の考査期間中の受験科目の全てが未受験扱いになることが多いようです。当然、成績は低いものとなり、ややもすると進級に影響を及ぼしたりもします。今回の指導は、充分な聴き取りは行われず、単に反省文を書かせる、一教員の私見で懲戒内容を憶測で不正確に伝えられるなど、教員の対応に問題があったと言わざるを得ません。生徒指導が形がい化しており、生徒が何故カンニングに至ったかを解明し、生徒の心のケアを行いながら、その再発防止に努めるという本質的な指導を逸脱してしまいました。

　また、精一杯頑張った部活動を引退してからの生活の切り替えに苦慮している生徒も少なくありません。そういった時期を部活動顧問とホームルーム担任とで情報を共有し、生徒観察を行いながら面接や保護者と連携を図るなど、生徒本人の心の状況把握に努め、対応していくことが重要です。

　D子は、それまでの学校生活で問題行動など一切なく、どちらかというと模範的な生徒でした。学力も特に問題視されることはなく、目立つ存在ではありませんでした。D子が不正行為を行ったということは、学年のホームルーム担任や教科担任からは想像がつきませんでした。この時点で、D子が誰も知れず、思い悩んでいたことを推察すべきだったでしょう。

## ③ 留意点

　不正行為など本来やってはならないことを犯してしまった場合の生徒の心理状態は非常に複雑です。自分でやったこととはいえ、心の動揺に充分に気をつける必要があります。今回のケースのように、ふらりと死を思いついてしまう場合なども想定して、少なくとも、生徒を一人にすることがないようにしなければなりません。

特別指導の内容を伝えるときは、保護者に登校してもらい、生徒と同席する形で指導内容を伝えるのが通例ですが、やむを得ず保護者が学校に来ることができなかったり、事情を聴いた後、翌日に保護者に来てもらう手筈になったりで、生徒一人で下校させてしまうことにならないようにしなければいけません。一見当たり前のように見えますが、複数名が対象の特別指導になったり、他の事情と重なったりした場合や、高校生だから大丈夫だといった、誤った認識の下で判断してしまうことがあるので特に気をつけましょう。

　後日、D子が当時の自分を顧みて、我が身の受験をも顧みず心から支えてくれた幼馴染みに手紙を書いています。

> 部活動の主将であったりしたことから、知らず知らずのうちに人に頼ることができなくなっていて、何事も自分で何とかしなくてはいけないという思いに支配されていました。人の話を聞き入れないどころか、人に話を聞いてもらうこともしませんでした。しかし、今回のことで多くの人たちに助けてもらい、自分一人ではどうにもできないことが世の中にはたくさんあることを知り、これからはお互いさまの精神で、いろいろお世話になりながら生きていこうと思います。

と結ばれています。

## 課題解決に導く基礎知識

### 1 カンニングを行った動機

　3年生の6月までバレーボール部に打ち込んできたD子が、受験勉強の遅れに焦り、部活の顧問や進路指導の英語の先生に相談しましたが、元気の出る回答を得られず、意気消沈してしまいました。

　考えあぐねているうちに思いついたのが「指定校推薦」でした。そのためにはこれから始まる第1学期期末考査で少しでも良い点を取ることだという思いに至りました。良い点数を取るためにはカンニングするしかないと短絡的に考えて、実行しました。

　事前に相談を受けた担任や進路指導担当の先生方を責めるつもりはありません。しかし、部活に全力を傾けてきた生徒が、引退後に不安定な心理状態になることはよくあることです。また、いわゆる燃え尽き症候群といって、何もやる気が起こらない状態になる生徒もいます。このような生徒の近くにいる担任や部活動の顧問、その他、日常でよく話しかける教職員、例えば養護教諭や学校司書、スクールカウンセラーなどは気配りしてほしいと思います。

### 2 カンニングの発見から対応の方法まで

　期末考査中であり、多くの教員は自身の科目の採点などがあって、多忙な時期であると思います。しかし、事例のような、カンニングを発見した場合、試験中に発見した教員は直ちに生徒指導部に連絡します。連絡を受けた教員は生徒指導主任に伝えて、事実調べの準備をします。基本的にはD子に事実について書かせ、その文章をもとに面接を行って、事実を確認します。この間に、昼食時間になれば、何か食べる物を用意するなど、きめ細かな配慮が必要です。また、トイレに行く際には、ト

イレの入り口まで教員が付き添うなどの配慮も必要です。事例では、採点に忙しいF先生は、後に深く悩んで、しばらく職場に行くことができないほどのショックを受けたそうです。担任も精神的なショックを受けたために、他の生徒への指導に影響があったようです。

　カンニングという問題行動が発生したのですから、教職員は次の手順に従って対応すべきでした。

①事実確認では、生徒に事実を書面に書かせた上で聞き取り調査を行い、カンニングを行った理由・動機について細かく聞くことが重要です。

②調査結果をもとに生徒指導部会で検討し、指導計画などを作成して、管理職に報告します。この時、指導内容等は決定していませんから、生徒に伝えることはできません。この点も十分注意すべきです。

③必要に応じて、臨時の職員会議を開き、最終的な指導内容等について説明して指導案が決まります。決まった結果を保護者へ連絡します。

④翌日、保護者及び生徒が同席の上、校長より「申し渡し」を行います。

⑤再発防止が重要ですが、生徒の心のケアも重要です。他の生徒への影響も考慮しながら指導を進めます。

　生徒指導の目的は、自分の行った行為を深く反省させて、二度と問題行動を行わないという決意をさせることです。

## 3　不適切な指導

　『生徒指導提要』改訂版では、「懲戒と体罰、不適切な指導」という項目を立てて、詳しく説明しています。とくに「不適切な指導」に関して具体的な例を挙げて説明しています。具体例とは以下の通りです。

---

[不適切な指導と考えられ得る例]
●大声で怒鳴る、ものを叩く・投げる等の威圧的、感情的な言動で指導する。

---

●児童生徒の言い分を聞かず、事実確認が不十分なまま思い込みで指導する。
●組織的な対応を全く考慮せず、独断で指導する。
●殊更に児童生徒の面前で叱責するなど、児童生徒の尊厳やプライバシーを損なうような指導を行う。
●児童生徒が著しく不安感や圧迫感を感じる場所で指導する。
●他の児童生徒に連帯責任を負わせることで、本人に必要以上の負担感や罪悪感を与える指導を行う。
●指導後に教室に一人にする、一人で帰らせる、保護者に連絡しないなど、適切なフォローを行わない。

　「不適切な指導と考えられる例」をみると、「組織的な対応を全く考慮せず、独断で指導する」「指導後に教室に一人にする、一人で帰らせる、保護者に連絡しないなど、適切なフォローを行わない」という項目が、事例と一致します。まさに「不適切な指導」の典型といえます。

　もちろん、教員にもそれなりの理由があります。しかし、カンニングをしたことを後悔し、更に全科目未受験扱いになると聞いて、呆然とし、将来を悲観して校舎の４階から飛び降りました。自殺をしようとしたのです。このような心理状態に追い込まれていることを、採点を最優先に考えていたＦ先生には想像もできなかったのでしょう。また、反省文を書かせる前にカンニングをした理由・動機を聞くべきでしたが、それもしませんでした。Ｆ先生の初期対応が間違っていました。

　学校は生徒の安全・安心を保障する場でなければなりません。学校全体で考える問題でした。

　今後、校内研修会などを開いて、今回の事例を材料に、生徒指導の方法などについて共通理解できるようにしてください。

# Case4

# 「進路変更」という名の
# 退学勧告（高校生）

● ● ● ● ● ● ● ● ● ● ● ● ● ● ● ● ● ● ●

〈事例〉

## 1　度重なる指導

　Ｉ高校は比較的生徒の問題行動が少ない、地域の中堅公立高校でした。しかし、Ａ男の学年は中学校の「荒れ」を引きずっていたためか、入学早々から特別指導が続いていました。そういったなか、夏休み明けの９月に発覚した暴力事件は、５名の生徒による暴力が一人の生徒を不登校にまで追い詰めるものでした。

　その中心にいたのが１年生のＡ男です。Ａ男は５月にも喫煙で家庭謹慎の指導をされており、その後も授業時の教員への反抗や妨害行為もあって、数度にわたる学年指導が続けられていたのです。ただ、一部の教員には素直に従ったり、将来の夢などを語って今後の学校生活をきちんと送る姿勢をみせたりはしていました。

　そこに起こったのが９月のこの事件でした。関係した生徒や被害生徒の事情説明によると、いわゆる「いじめ」や小さな暴力は入学直後からあり、８月末にそれがエスカレートして、殴る蹴るだけではなく、傘や棒などでの暴行にまで至ったことが分かりました。その間の仲間への指示や暴行を主導していたのがＡ男だったことも判明し、学校としての厳しい対応が求められたのです。

## 2　学年会と生徒指導部会と職員会議

　学年会では、Ａ男の担任から「もう面倒をみることはできない」との発言はあるものの、指導に関わってきた教員からは「中学校時代から悪者扱いされてきた経緯もあって反抗的だが、能力もあるし素直な面もある」という声も上がっていました。

　生徒指導部会では学年の意向も検討しながら、今回の暴力行為はあまりにも重大事態であるとの認識により、これまでの事例と照らし合わせて「自主的な進路変更を勧める」という結論でまとまりました。そして職員会議においても、前例に従った指導であるということで合意され、校長が了承したのでした。

## 3　校長からの申し渡し

　翌日の放課後、Ａ男と保護者は、校長より「進路の変更をしてください」との申し渡しを受けました。保護者は、我が子の粗暴さに手を焼いていたこともあり、諦めたかのように「自主的な退学」を受け入れたのですが、Ａ男は突如として「学校においてください」と叫びました。そして校長の「できません」の一言を聞くと、肩を落としながら保護者と共に校長室を退室して行きました。

　ところが数分後、泣きはらした興奮状態の顔でＡ男だけが校長室に走り込んできて、そこにいた生徒指導部の教員に殴りかかりました。さらに廊下に飛び出すと、校内にあった金属バットを振り回しながら暴れ出したのです。壁やドアを叩き壊し、大声を上げながら職員室へも向かったのですが、そこで数名の教員に取り押さえられたところで大人しくなり、このまま帰宅させたのでした。

　翌日、校長は再び来校した保護者に前日の顛末を説明し、破壊された施設の弁償を求め、承諾を得ました。

　また、校長は、申し渡しの場での前代未聞の出来事として、学年や生徒指導部のこれまでの指導の在り方を非難しましたが、「進路変更」という指導が持つ意味を丁寧に議論してはこなかったことへの反省は、その後も学校内には起こりませんでした。

# 指導の振り返り

## ❶ 第1学年と生徒指導部

　A男の在籍する学年では、入学早々から喫煙や万引き、いじめや授業妨害などの問題が頻発していたため、各担任は問題の把握や声をあげられない生徒の思いをくむ目的もあって、早めの個人面談を進めていました。そのなかで、数名のグループによる今回の事件が発覚したのです。

　また、特にA男のクラスは落ち着きのなさが目立ち、担任の指導が届いていない現状もありました。そこで、生徒指導部であり教科担当者でもある二人の教員が、放課後の教室を見回りながら、雑談を交えた生徒への声かけなども行っていたのです。学年も生徒指導部も何とか良い方向にとの思いから協働的体制をとっていたのでした。

## ❷ 指導の実際

　A男とともに主導的な役割をはたしていたB男とC男には、1週間の家庭謹慎と1週間の登校謹慎が申し渡されました。二人には中学時代から粗暴な面があることも分かっていたので、次のようなテーマでの論述文を作成する課題が出されました。

　①家庭・学校生活における自分の言動を振り返る

　②なぜ暴力が社会で許されないのか、その理由を考える

　③自分の良さを活かして貢献できることを列挙する

　これらを家庭訪問時や登校時に、担任や生徒指導部の教員とのやり取りを通じて書き上げさせていきました。また、その他2名の生徒は関与

の程度が低いということで、5日間の家庭謹慎とし、その間、いじめが原因で亡くなった子どもの遺族が綴った著書を読む課題を出しました。

このような指導を続けた結果、教科の課題にほぼ回答でき、論述文や読書課題には自分たちの心の内側と向き合った様子もうかがえ、暴力が生む害悪についてへの言及もできるようになっていました。これによってA男を除く4名には、謹慎期間が過ぎたところで校長から解除の申し渡しがありました。

### ❸　A男への指導

A男は、事実確認をしている段階から被害生徒への暴行を本人が主導したこと、そして自らも手を下したことを認めていました。素直な一面と言えなくもないのですが、それは暴力行為を軽んじていることや、被害を与えた生徒の気持ちには全く思いが及ばないことの証でもありました。これまで様々な指導を受けても変わらなかったことは、こういったA男の態度や考え方と無関係ではなかったでしょう。教育的な指導を前提とするなら、この側面にも焦点を当ててA男の変化を待つことが必要だったのかもしれません。

結果的には、入学以来のA男の行為は「進路変更」が適当であるとなりました。もちろん、学校教育法第11条、学校教育法施行規則第26条にある懲戒による退学（退学処分）ではなく、あくまでも自主的な転校、退学を求める「進路変更」です。

ただし、この「進路変更」という形での特別な指導については学年会も生徒指導部会も職員会議も、その在り方の議論はなされないままの判断でした。I高校の過去の指導事例から判断して、同じように自主的な退学を求めることで、本人も保護者も納得するはずであると考えたのでした。もし、退学や転校を勧めるならば、A男の希望を聴き取ることや保護者への説明、今後の生活への留意事項等の話合いが持たれるべきだったと言えます。

## ④ 退学後のＡ男

　Ａ男は、退学して１ヶ月が過ぎた頃に、申し渡しの際に校長室で殴りかかった生徒指導部の教員のもとへ電話を入れてきました。謝罪の電話でした。この教員は、最初の特別指導のときに、Ａ男が素直に将来の夢などを語った教員だったのでした。あの申し渡し時に殴りかかったのは、信頼できそうな先生に何とかすがりたかったからだったのかとも考えられます。電話では、商業高校に転校した旨の報告もあったと言います。担任でもなく学年の教員でもない、心を開いて話ができる教員が校内に一人でもいること、そういう存在が問題を抱えている生徒にとっては、大きな心の拠り所となることを教えているとも言えます。

　しかし、Ａ男は転校先の高校にもなじめず、中学校時代の仲間とともに地元での犯罪に手を染めるようになっていました。そして１年後、遊び半分で加わったグループが起こした殺人事件に巻き込まれて警察に逮捕されるに至ったのです。

　Ｉ高校在学時のＡ男の行為は許しがたいものです。ただ、高校の中途退学が問題になっている現在、懲戒としての「退学処分」ではない「進路変更」という形で中途退学を求める指導の在り方を議論する場がなかったことは大きな問題でした。本人の今後に関して、Ａ男に真に寄り添った学校としての指導が足りなかったのは明らかだったからです。

## 課題解決に導く基礎知識

### 1　事例の問題点

　比較的問題行動が少ないＩ高校で、ある年に入学した生徒たちが荒れていて、特別指導が続いたとのことです。Ｉ高校の教員にとって、戸惑う状況であったことが想像できます。

　事例の対応の中で、いくつかの問題点がありました。

①「生徒指導に慣れていない教員たち」をどのように課題に当たらせるか、管理職や生徒指導主任にとって重要な問題点です。
②進路変更を求めた結果、Ａ男が急に暴れだしました。このような状況を予測することはできなかったのでしょうか。
③Ａ男及び保護者に対する対応の仕方に問題はなかったのでしょうか。特に「進路変更」という指導が持つ意味を丁寧に議論してこなかったことへの反省が、校内でなされませんでした。

　以上の３つの問題点について、詳しい検討を行います。

### 2　問題点の検討

　第１の点では、高校は学校ごとに学力の差が見られます。入学選抜を受けて入学する生徒たちは、当然、学力レベルに対応した高校に進学するからです。学習活動に熱心で、問題行動などほとんど行わない生徒が集まる高校と、勉強が苦手で、問題行動が頻発する高校とでは、勤務する教員の意識に大きな違いがあります、

　また、経験的にも、問題行動が頻発する高校の教員とそうでない高校の教員とでは、問題行動に対する意識や対応の仕方に差があると思いま

す。問題行動が頻発する高校の教員だから、より適切な対応ができるとは限りませんが、問題行動への対応経験が豊富な教員であれば、予見可能性が高くなると考えられます。そうであれば、対応の方法なども、より適切にできるのではないでしょうか。

　第2は、「進路変更」を求めた際にＡ男が態度を急変させた点です。おそらく、Ａ男には「進路変更」も「退学処分」も違いはわからないと思います。教員の説明が不十分であったと思われます。生徒及び保護者に対して、事前に「進路変更」の意味を正確に説明しなかったと思われます。中学校に退学はありません。中学校の延長線上にいるＡ男にとって、高校を追われるとは想像もしていなかったのではないでしょうか。ですから、校長から申し渡しを受けたとき、「学校においてください」と言ったのです。

　しかし、それが叶わないと知ると、教員に殴りかかったり、壁やドアを叩き壊したりする暴挙に出ました。なぜ、Ａ男をこれほど怒らせたのか、それは、事前の説明が不十分だったからです。

　第3の問題では、問題行動を起こした生徒に対するそれまでの指導法が基本的に誤っていたと考えられます。問題を起こした生徒の指導は、生徒に自分がしたことについて深く反省させ、二度と問題行動を行わないという決意をさせるまで指導をする必要があります。適切で十分な指導がなされていなかったために、このような態度・行動をとったのです。指導法に誤りがあったのです。

　さらに先生方は、過ぎ去ったことを忘れてしまったのでしょうか。貴重な経験をしたのですから、うまくいかなかったことに対する反省や改善点の検討など、必要なことをすべきでした。これでは、同じようなことが起きた場合、同じ失敗をする可能性が高いと思われます。経験から何を学ぶのか、とても重要なことです。今回の事例・指導の経緯から学ぶことは多々あったと思います。

　生徒指導の第一歩は「生徒理解」です。問題行動を行った生徒につい

て理解しようと努力しなければなりません。生徒の性格、成育歴、交友関係その他、生徒を理解するために必要な情報を集めます。

　生徒面談も重要です。生徒本人から事情や思いを聞くことによって、生徒理解が進みます。特に問題行動を行った理由は、多くの場合「自分勝手な理由」を言うようです。その際には、教員は丁寧に「あなたの言う理由は誰にも理解されない」ということを説明して、納得させることが重要です。

　Ａ男は問題行動を繰り返しています。数度にわたる学年指導を行ったのですが、指導効果が上がらず、問題行動を繰り返しました。なぜでしょうか。それは、指導が適切でなかったからです。指導効果が上がらない指導を繰り返しても意味がありません。この点は、教員側に問題があるといわれても、仕方がないと思います。

　「反抗的だが、能力もあるし素直な面もある」と言っている教員もいました。少しは気持ちが通じていたのではないでしょうか。その教員があと一歩、突っ込んだ指導を行えば、変化があったかもしれません。しかし、生徒も教員も人間ですから、気が合う・合わないということがあります。せっかくＡ男の気持ちを理解できる教員がいたのですから、もう少し時間をかけて、指導の成功を目指してほしかったと思います。

『生徒指導提要』では、このような事例は困難課題対応的生徒指導に分類して対応するよう説明しています。具体的には次のように説明しています。参考にして、今後の対応方法について考えてください。

> 児童生徒の背景には、児童生徒の個人の性格や社会性、学習障害・注意欠陥多動性障害・自閉症などの発達障害といった個人的要因、児童虐待・家庭内暴力・家庭内の葛藤・経済的困難などの家庭的要因、また、友人間での人間関係に関する要因など、様々な要因が絡んでいます。学校として、このような課題の背景を十分に理解した上で、課題に応じて管理職、生徒指導主事、学級・ホームルーム担任、養護教諭、SC、SSW 等の専門家で構成される校内連携型支援チームや、関係機関等との連携・協働によるネットワーク型支援チームを編成して、計画的・組織的・継続的な指導・援助を行うことが求められます。

　蛇足ながら、喫煙をした際に「家庭謹慎」の指導を行ったとのことでした。近年、日中、家庭に指導監督する保護者や家族がいない場合も多いため、「家庭謹慎」ではなく「学校謹慎」を行う学校が多く見られます。家庭に置いておくよりも、登校させて教員が交替で面接指導を行ったり、授業課題をやらせたりしながら、反省を迫る方が、より効果的な指導ができるからです。是非、「学校謹慎（登校謹慎）」を行うようにしてください。

# Case5

# 私立高校パーマ退学事件
## （高校生）

・・・・・・・・・・・・・・・・・・

〈事例〉

## 1　概要

　私立高校の女子生徒が、車の免許を取得したところ、校則違反であるとして、厳重注意を受け、早朝登校処分を受けました。この生徒は、早朝登校処分を受けていた3年生の10月にパーマをかけました。このパーマについて、3学期の1月末になり問題とされました。職員会議で、無断で運転免許を取得して処分を受けている期間であるにもかかわらず、パーマという校則違反を犯したことを問題とし、自主退学の勧告を決定しました。これに対し、生徒は、3学期の1月30日付けで退学願いを出しました。

## 2　女子生徒の主張

　生徒は東京地方裁判所に卒業認定を求めて裁判を起こしました。
1　校則で運転免許の取得を禁止し、さらにパーマを禁止することは、憲法13条の幸福追求権をないがしろにする。
2　犯した違反に比べて、自主退学という処分は重すぎる。
3　弁明の機会もなく、一方的に自主退学を決定したことは、憲法31条が保障する適正手続に反する。

# 3　最高裁判所の判断

　東京地方裁判所と東京高等裁判所は女子生徒の訴えを退けました。最高裁判所第1小法廷1996年7月18日判決も生徒の訴えを退けました。

　ただし、この判決は裁判所が認定した事実関係の下での判断です。

① 　私立学校は、独自の伝統ないし校風と教育方針によって教育活動を行うことを目的とし、生徒もそのような教育を受けることを希望して入学している。

② 　この高校は、清潔かつ質素で流行を追うことなく華美に流されない態度を保持することを教育方針とし、校則もその方針のもとに定められている。

③ 　校則が、運転免許の取得を、一定の時期以降で、かつ、学校に届け出た場合にのみ認めることとしているのは、交通事故から生徒の生命身体を守り、非行化を防止し、もって勉学に専念する時間を確保するためである。

④　パーマをかけることを禁止しているのも、高校生にふさわしい髪型を維持し、非行を防止するためである。この校則は、社会通念上不合理とはいえない。

⑤　この高校は、校則において、学校に無断で運転免許を取得した者に対しては退学勧告をすることを定めている。

⑥　生徒も、その父親も、入学に際し、本件校則を承知していた。しかし、生徒は、学校に無断で普通自動車の運転免許を取得し、そのことが学校に発覚した際も特に反省を示さなかった。

⑦　学校は、生徒が３年生であることを特に考慮し、本来なら退学勧告であるところ、今回に限り厳重注意に付することとし、生徒にも、そのことを告げた。さらに、校長が女子生徒と父親に、今後違反行為があったら退学になることを告げて、二度と違反しないように生徒に誓わせた。

⑧　生徒は、それにもかかわらず、間もなく本件校則に違反してパーマをかけ、そのことが発覚した際にも、これを隠そうとし、また、教諭らに対しても侮辱的な言葉を発言したりするなど、反省がないとみられても仕方のない態度をとった。

⑨　生徒は、これらの校則違反前にも種々の問題行動を繰り返しており、平素の修学態度、言動その他の行状についても問題が多く見られた。

⑩　校則違反の様子、反省の状況、平素の行状、今までの学校の指導と措置、さらに、本件自主退学勧告に至る経過等を考慮すると、自主退学勧告は違法とはいえない。

指導の振り返り

## ① 背景を見る

　この事例は、1988（昭和63）年1月に起きたものです。その後訴訟が起こされ、1審（平成3年6月21日判決）、2審（平成4年10月30日判決）を経て、1996（平成8）年7月18日に最高裁で判決が下されました。最高裁の判決は、1審、2審を支持した内容で、女子生徒の主張は棄却され、学校側の主張が容認されました。事例としては古いものですが、現在の校則裁判の「判例」として生き続けている判決です。当時、教育裁判として注目を集めました。そのため、訴訟代理人弁護士は20名が名前を連ねて弁護に当たりましたが、結果は上告棄却ということで、女生徒側が敗れました。

　女子生徒は、1年次、2年次にも軽微な問題行動を行い、注意等の指導を受けたことがありました。

　3年次になると、許可を得ずに自動車の運転免許を取得したことが学校に発覚して、早朝登校指導（朝8時から15分間の掃除等の作業）を受けていました。校則では、無届免許取得については、理由の如何を問わず退学勧告を決めていました。しかし、3年生の10月という時期を考慮して、退学勧告は行わず、早朝登校指導を行うことにしました。早朝登校指導の最中に、やはり校則で禁止しているパーマをかけていることが発覚しました。卒業を控えた1月20日の事でした。

　学校では直ちに女子部職員会議を開き、女子生徒へ自主退学の勧告をすることを決めました。

父親は、この勧告を受けて、退学届けを提出しました。しかし、卒業式まであと10日に迫った2月3日であったこともあり、再度思い直して弁護士会に相談しました。その結果、裁判に訴えることになったのです。

## ❷　主張について検討する

### （1）女子生徒の主張

　女子生徒は憲法13条の「幸福追求権」を根拠に、運転免許の取得とパーマをかけることを制限することは、憲法違反であると主張しました。さらに、退学処分は、生徒の学習権を奪うものであり、あらゆる適切な指導を尽くし、教育的配慮を施しても、改善の見込みがなく、これを学外に排除することが「教育上やむを得ないと認められる例外的な場合にのみ、かつ処分理由の告知、弁明の機会の付与等の適正手続きを経たとき、はじめて許容される。事例では適正な手続きは行われなかった」と主張しました。

### （2）学校の主張

　学校側は、女子生徒は1年次から問題行動を繰り返したため「学校始まって以来の最大の問題児」というレッテルを貼りましたが、2年次、3年次と進級するに従い、問題行動は減少し、教員から「1年次とは大きく変わり改善された」と認められるようになりました。

　しかし、3年次に、学校の許可を受けずに無断で自動車の運転免許を取得したため、本来なら校則に従って退学が言い渡されるところでしたが、3年生の10月で、しかも卒業後の就職も決まっている段階であったため、退学に代えて早朝登校指導を行うことにしたのです。

　その指導中にパーマをかけていることが発覚して、退学勧告がなされたのです。学校としては、無断で免許を取得した際には、温情をかけて、退学勧告をしなかったのにもかかわらず、指導中に校則違反のパーマをかけたのですから、突き放すことを選んでもおかしくありませんでした。

## （3）裁判所の主張

これに対して裁判所は、1審、2審、最高裁ともに、校則の制定権が学校にあることを認定して、女子生徒の訴えを退けました。

この判決について、詳細を見てみましょう。裁判官は次のように判示しました。

個人の髪形は、個人の自尊心あるいは美的意識と分かちがたく結びつき、特定の髪形を強制することは、身体の一部に対する直接的な干渉となり、強制される者の自尊心を傷つける恐れがあるから、髪形決定の自由が個人の人格価値に直結することは明らか…（中略）…本件では特定の髪形の指定でなく、事前にパーマ禁止を知っていたのであるから不当な制限ではない。また、運転免許取得は社会生活上尊重されるべき法益であるが、その自由は個人の人格との結びつきは間接的なもので、その制限は不当で違法となるものではない。

最後に次のように結論付けました。

校則違反の態様、反省の状況、平素の行状、従前の学校の指導及び措置並びに本件自主退学勧告に至る経緯等を勘案すると、本件自主退学勧告に所論の違法があるとはいえない。

## ③ まとめ

女子生徒と学校との主張は大きく対立しました。教育裁判ということで、マスコミも注目する中で、裁判は進みました。判断すべき点を整理します。
①自主退学勧告を一度は受け入れて、退学届けを提出したのにも関わらず、翻って退学届けを取り下げた点。

②１年次から問題を起こしていた女子生徒が、無断で免許を取得し、本来なら退学の勧告がなされるところ、卒業も近いので、早朝登校指導を行うことで許そうとしたところ、指導中にパーマをかけていることが発覚して、学校としてはこれ以上許せないと考えたと想像できます。

③校則及び違反者に対する指導内容が決められているから、校則に従って対処したのです。その背景には、一般生徒に対する影響も考えていたと思います。言葉を変えれば「見せしめ効果」を狙ったのでしょう。

④判決では、ほぼ学校側の主張を認めましたが、本当の意味で教育的配慮をするなら、例えば、卒業式に参列させず、３月30日まで指導を続けて、３月31日に、たった一人の卒業式を挙行するという方法もあったのではないでしょうか。すでに就職も決まっていたのですから、女子生徒の人生を考えたら、いくらでも配慮や工夫ができたと思います。校則を厳格に運用することは重要と思います。しかし、一人の生徒の人生を考えれば、卒業させるべきであったと思います。

⑤生徒は未熟な者ですから、大人（親や教員など）や社会が援助を与える対象であると考えます。子どもの権利条約第３条には、「児童の最善の利益が主として考慮されるものとする」と規定されています。

## 課題解決に導く基礎知識

　1980年代以降、細かすぎる校則が社会問題となりました。このパーマ退学事件は、校則違反に対する懲戒問題を象徴する裁判事件です。

# 1　校則の法律論

## （1）個人の髪型の自由は憲法13条で保障

　憲法13条は「すべて国民は、個人として尊重される。生命、自由及び幸福追求に対する国民の権利については、公共の福祉に反しない限り、立法その他の国政の上で、最大の尊重を必要とする」としています。

　高校生の髪型の自由について、東京高等裁判所平成４年10月30日判決は、個人の髪型は、個人の自尊心あるいは美的意識と分かちがたく結びついています。個人が頭髪について髪型を自由に決定しうる権利は、個人が一定の重要な私的事柄について、公権力から干渉されることなく自ら決定することができる権利の一内容として憲法13条により保障されていると解される、としました。

## （2）高校の校則制定の権限

　この東京高裁判決は、高等学校の校則制定権限について、次のように判示しています。

　高等学校は、生徒の教育を目的とする団体として、その目的を達成するために必要な事項を学則等により制定し、これによって在学する生徒を規律する権能を有するとしたうえで、この権能に基づく学則等の規定は、在学関係を設定する目的と関連し、かつ、その内容が社会通念に照らして合理的なものであることを要するとしたうえで、校則の内容が合理的なものであるときは、その違反に対しては、

教育上必要と認められるときに限り制裁を科すことができ、これによって学則等の実効性を担保することも許される。

## （3）社会通念に照らして合理的か

　結局、裁判所は「社会通念」つまり社会の常識に従って合理的かどうか、教育上必要と認められるかどうかを基準としています。裁判所は、学校・教員の教育的な裁量権を尊重しています。他方で、子どもの人権と多様な意見、性と多様な生き方が尊重されるようになり、人権意識が高まっています。社会通念・社会の常識に照らして合理的であるかは慎重に検討をする必要があると思われます。

## （4）最近の裁判例―大阪府立高校黒染め強要訴訟

　この裁判は現在の校則・懲戒の問題を象徴するものとして注目されています。大阪地方裁判所2021年2月16日判決（横田典子裁判長）は校則で生徒の染色や脱色を禁止していることについて「正当な教育目的で定められた合理的なもので、学校が生徒を規律する裁量の範囲内」とし、生徒に対する頭髪指導についても教師が髪の根元を見てもともと黒色だと認識していたことなどから「違法とは言えない」としました。

　大阪高等裁判所2021年10月28日判決（本多久美子裁判長）も茶髪を禁じた校則や黒染めの強要の違法性について「裁量の範囲を逸脱しない」として大阪地方裁判所と同じ様に認めませんでした。

　最高裁判所も女性の上告を退け、「頭髪指導は違法とは言えない」と判断した判決が確定しました。

　しかし、裁判所の判断は疑問です。髪の毛は身体の一部であり、強制的に切ることは刑法の暴行罪という犯罪にあたります。髪型の自由は、憲法13条の「幸福を追求する権利」として守られることは憲法学の常識です。

## （5） 裁判所は教育関係者の叡知を求めている

　これまでの裁判では裁判官は教員の裁量を尊重していますが、教育関係者の叡知を信頼しているからです。運転免許取得・バイク乗車の禁止校則退学事件の東京地方裁判所1991年5月27日判決は、バイク禁止について「より賢明な方法への変更は、教育関係者の叡知によって実現されるべきである」としました。この事件の控訴審の東京高等裁判所1992年3月19日判決は、高校生の退学処分について、「学校側の対応は、いささか杓子定規的で違反行為の責任追及に性急である」としました。

## （6） 校則について考えるチャンスに

　細かすぎる校則問題が再び、社会の注目を集めています。裁判所の判決は、国家賠償法の損害賠償を認める違法性がないとしているに過ぎません。細かすぎる校則を推奨しているのでは決してありません。校則の在り方は生徒と教育関係者が叡知を集めて考えることが大事です。校則について考えるチャンスです。

## 2　自主退学勧告の法律論

　自主退学勧告は、言葉通りに「自主退学」の「勧告」です。強制はできません。学校の教育力による説得が求められています。それでも、自主退学は、生徒の身分がなくなりますので、退学処分と同じように慎重な判断が求められます。

　自主退学勧告と退学処分について裁判所の判決が積み重ねられています。**東京地方裁判所平成20年10月17日判決**が参考になります。生徒の教員に対する暴行等を理由に退学処分を決定し、生徒に口頭で告知するとともに、教育的配慮から自主退学の取扱いができることも伝え、その後、他の高校への転入の便宜のために在学関係を証する書面を交付した場合について、退学処分がされたと認められた事例です。

退学処分と自主退学勧告とでは、その法的効果に相違があり、生徒に
与える影響が大きく異なるので、高校は、どの処分が行われたかという
点につき、混乱を生じさせる可能性がないよう処理することが求められ
ます。

　高校が懲戒措置をとる場合には、生徒の不利益が大きいことにかんが
み、公正な手続によることが要求され、処分を受ける生徒に対し、処分
の内容、処分理由を告知する必要があります。

　ただし、どのような方法により処分の内容、理由を生徒に認識させ、
これに対する弁解の機会を保障するかについては、高校の自律的判断に
ゆだねられ、懲戒処分の手続過程に合理性が認められない場合に、裁量
権の逸脱として違法になります。

# Case6

# グループ LINE の落とし穴
## （高校生）

• • • • • • • • • • • • • • • •

〈事例〉

## 1　Ａ男がＢ子に接近

　Ａ男は、高校に入学しても友人をうまく作れませんでした。しかし、入学祝に買ってもらったスマホで初めての友人ともいえるクラスメートとのグループ LINE はなかなか楽しいものでした。書き込みをしてもあまり反応はないけれども、他者にかまわず好きなことを書いていました。

　あるとき、数学について隣の席のＢ子と話したことがきっかけで、その女子が気になる存在となりました。思い切ってＢ子に個人で LINE してみたところ、速やかに返事が返ってきました。

　気をよくしたＡ男は、LINE をＢ子に送り続けます。Ａ男はオカルト系の画像や映像に興味があり、自分のお気に入りの画像や動画を添付したりもしました。

　Ｂ子は送られてきた LINE にはできるだけ速やかに返信するようにしていたため、Ａ男にまったく興味関心はありませんでしたが、返信していました。

　しかし、あまりにも頻繁かつ深夜にまで及ぶＡ男の LINE に辟易とし始め、さらに気味の悪い画像や動画が添付されてきて嫌悪感すら抱くようになりました。

## 2　嫌悪感を持ったB子

　A男が頻繁にLINEを送ってきていることについてB子は、生徒との距離が近いと評判のC先生に相談してみようと思い、声をかけたところ、C先生からすぐにLINEのQRコードを教えられたので、その晩にLINEをしてみました。自分の状況や気持ちを書き込むとともに送られた画像の一部も一緒に送りました。C先生は、A男を非難し、「ブロックしちゃえ！」と返信してきました。大人の先生に自分の悩みを聞いてもらえたことでなんとなく問題が解決したような気がして、お礼を書き、やり取りを終えました。

　返信をしなくてもいいんだと考えることができ、返信をやめましたが、ブロックするには至りませんでした。両親には、LINEをしていること自体を責められる気がして、相談できませんでした。

Ａ男は、Ｂ子からの返信が滞っているのは、体調不良などが理由だと考えていたので、Ｂ子に心配する内容などの LINE を送り続けました。

　不必要だったこともありＢ子は、しばらくスマホを持たないようにしていましたが、久しぶりに画面を見ると、Ａ男からの LINE にものすごい数の未読が表示されていました。LINE はしばらくやりません、と返信をしてみましたが、その理由を問うなどの書き込みが様々なグロテスクな画像とともに大量に送られてきました。とにかく既読しないようにスマホを遠ざけていましたが、たまに画面を見るとさらに膨大な量になっていて、強度の精神的なストレスを感じました。

　再びＣ先生に相談したところ、スマホを操作して LINE を消し、Ａ男をブロックしてくれました。Ａ男と校内で遭遇することが徐々に恐怖となり、学校に行く気になれず休むことが増えました。保護者も心配し始めていろいろ聞いてくれましたが、なんとなく言い出しきれず、具合が悪いだけと言っていました。

# 3　PTSD を発症したＢ子

　頑張って学校に行っても、Ａ男が同じクラスにいると思うととても平常心ではいられず、Ｂ子は保健室に行って事態を養護教諭に話しました。養護教諭は真剣に聞いてくれた後、きちんと対応しないといけないから協力してねと言われ、スマホの書き込みや、自分の気持ちを話しました。証拠として見せようとしたスマホの内容については、先日、Ｃ先生が消したので見せることができず説明に苦慮しましたが、養護教諭は辛抱強く聞いてくれて大方のことを理解してくれました。

　その後、養護教諭の勧めもあってＢ子は心療内科を受診し、PTSDと診断されました。

# 指導の振り返り

## ① 指導の経緯

### （1）養護教諭からの報告

　養護教諭は、Ｂ子がストーカー的な被害に遭って心を痛めていること、Ａ男が膨大な LINE の書き込みと併せて非常にグロテスクな画像をＢ子に送っていたことなど、速やかに生徒指導主任に報告しました。

　生徒指導主任は、緊急で生徒指導部の先生を集め、本日中にＡ男からの聴き取り、Ｂ子からの再聴き取り及び出張中のＣ先生から情報提供を受けることを決めました。翌日には指導案を作成して指導委員会に諮問し、管理職の決済を経て、できるだけ早くＡ男の保護者に学校に来てもらい、校長から本人への指導及び保護者へ特別指導の内容を伝えてもらおうと計画しました。

### （2）特別指導に至るまでの情報収集と保護者対応

　放課後Ａ男から聴き取りをする手筈になっていましたが、Ａ男には指示が伝わっておらず、Ａ男は既に下校していました。

　また、Ｂ子については、体調がすぐれないので、本日の聴き取りは行わず、母親に迎えに来てもらいました。

　下校してしまったＡ男の母親にはホームルーム担任から電話で、翌日の早朝聴き取りを行うので、Ａ男を登校させるようお願いしました。その際、スマホを忘れずに持ってくることを加えました。

　Ｂ子の母親は、事情を聞き、ここのところＢ子の様子が変だったこと

70 Chapter2 懲戒・体罰

などを担任に伝えました。

　また、養護教諭が母親にスクールカウンセラーに相談するか、心療内科を受診するように勧めたところ、病院に行って適切な指示を受けさせたいと言って本人とともに帰宅しました。

　翌日、Ａ男は指示通り登校して素直に聴き取りに応じました。Ｂ子にLINEを送った経緯や自分の気持ちについて淡々と話しましたが、書き込みした内容を見せるように依頼すると、「すべて父が消去しました」と答えました。Ａ男の許可を得て実際にスマホを確かめてみると、Ｂ子とのトークルームはありませんでした。

　さらに、同じころ、父親からホームルーム担任に対し、今後の学校とのやり取りには弁護士を仲介させるという内容の電話が入りました。

　一方、Ｂ子は体調がすぐれず、代わりに母親がＢ子のスマホをもって学校に来ました。母親は、昨日、Ｂ子のスマホで原因のLINEを確認しようとしたところ、教員によって削除されていたとして憤慨していました。加えてＢ子の保護者からは、Ｂ子が登校できるよう、Ａ男を進路変更（他校への転学等）させるか最低でも別のクラスに変えてほしい、という強い要望がＢ子の診断書とともに示されました。

　原因となるLINEが双方で削除され、その程度等が把握できず生徒指導部は困惑していましたが、Ｃ先生から、Ｂ子発のLINE転送されたデータの提供を受け、一部ながら確認ができました。

　その後、指導案をまとめ、指導委員会に諮りました。委員からは、進路変更が妥当であるという意見が出されました。最終的に特別指導の内容は、Ａ男には、相手がどのように感じたかを理解し、相手の気持ちになって行動をすることを指導するため、１週間、別室で謹慎させるというものになりました。また、Ｂ子については、症状を鑑みつつ、SNSの利用について再考してもらうというものでした。

　校長は、生徒への指導はともかく、それでは事態は収拾できないと考え、次のことを補足して指導案を承認しました。

①校長から保護者同席で本人に説諭を行った上、継続的に指導を続ける。当人同士を対面させてのＡ男からの謝罪は当面行わない。
②１年生の３学期は、クラス替えは行わず、残余の期間は別室で授業を受ける（実質１ヶ月程度）。
③新年度からは双方を別クラスに編成して、動線を勘案して対面したり接触したりすることがないよう指示し、実行させる。
④校外行事等については、行動範囲が重ならないように全行程を事前に双方で確認する。
⑤登下校の時間をずらし、出会うことがないようにする。

　以上の約束事の中、本校で卒業まで修学させることとなり、継続的な指導対応となりました。
　また、校長は、そもそも生徒と個人的にSNSでのやり取りが禁止されていることへの行動違反、早期に生徒の情報共有がなされていなかったこと、軽率な生徒対応が、保護者等への不信感を発生させたことなどについてC先生にも指導を行い、全教員にも注意喚起しました。

## ❷　指導上の留意点
### （１）事例に関する考察

　紹介した事例は、特異な考え方（性格）の男子生徒が、SNSで他者を思いやることができず暴走したもので、表面化することが難しい件です。相談を受けた最初の教員から速やかに報告があれば、初期段階の生徒指導が可能だったはずです。また、教員が生徒所有のスマホからデータを削除してしまうのも問題です。
　保護者の子どもを思う気持ちに配慮しなければならない事例で、Ｂ子の保護者の過剰な要求、Ａ男の保護者が弁護士を代理人化することも対応を複雑にしました。

## （2）特異な思考の生徒への対応

　軽々に生徒の進路変更を認めない方針の下、双方を在籍させたまま指導を継続するという、長期間に渡る非常に困難を伴う対応となりました。この男子生徒は、他者のことについて十分に思いを巡らすことができず、一方的に書き込みを送り続けてしまいます。教員から聴き取りを受けてもＢ子に嫌な思いをさせたということがなかなか理解できませんでした。保護者の対応もそれに拍車をかけるところがあり、事後、自らが制約を受けて行動しなければいけないことを理解させるのにも時間がかかりました。また、自らの嗜好が一般の人には理解しにくいことについても分かりませんでした。

　また、Ｂ子のPTSDに対する対応は専門家でも難しく、双方を接触させない導線の確保、行事ごとの双方への配慮事項の確認などの対応は試行錯誤の連続で困難を極め、実質19ヶ月に及ぶ指導は、教員を疲弊させました。

# 課題解決に導く基礎知識

## 1 問題点を整理する

　Ａ男が一方的にＢ子に好意を寄せて、その気持ちを伝える方法として、LINE を頻繁に送り付けたことが原因で、Ｂ子は PTSD（心的外傷後ストレス障害）を発症したと診断されました。

　もともと人間関係を作ることが苦手だったＡ男が初めて積極的に働きかける相手を見つけたのですから、夢中になって LINE を送り続けてしまったのです。さらに、オカルト系の画像や映像を添付したりしたため、次第にＢ子から疎まれるようになりました。しかし、Ａ男はそのことに気付く気配はありませんでした。Ｂ子から返信が無く、既読がつかないのは、Ｂ子が病気になったのだろうと想像し、心配のあまりさらに送る LINE の本数が増えるような状況でした。

　困り果てたＢ子は、Ｃ先生に相談したのですが、Ｃ先生の助言は「ブロックしろ」と言って、Ｂ子のスマホを操作して、LINE を消去してしまいました。

　次にＢ子が相談したのが養護教諭でした。Ｂ子の話を真剣に聞いてくれた養護教諭の勧めで心療内科を受診しました。

　Ａ男の父親は、問題の解決を弁護士に委ねました。また、Ｂ子の母親はＡ男の懲戒を求めました。

　このような状況の中で、校長をはじめ教員たちは、問題の解決を目指したのです。

　以上の経緯から、いくつかの問題点が浮かび上がりました。

①Ｂ子から相談を受けたＣ先生は、Ｂ子のスマホを操作して、LINE を消去してしまいました。こうして大事な「証拠」が消えてしまったのです。さらにＣ先生はＢ子から依頼されたとはいえ、LINE でやり取りをしていました。教員が生徒と LINE やメールで連絡を取り合うこ

とは、厳に慎まなければならないと思います。

　C先生は、ことの重大性に気付いていませんでした。また、問題を解決するためには、一人で考えて判断し、行動するのではなく、組織として判断して行動すべきであることを理解していないのです。問題を発見した場合、生徒指導主任や学年主任に報告して、管理職の指示を仰ぐなりして、問題を共有し、解決に向けて共に行動することが重要です。「チーム学校」が叫ばれる理由は、近年、問題が複雑化すると共に、保護者対応が難しくなってきているからです。この点を、C先生は十分理解できていなかったのです。今後、管理職からすべての教職員に対して、「チーム学校」の意味について周知徹底する必要があります。

②養護教諭はすぐに生徒指導主任に報告しました。生徒指導主任は直ちに生徒指導部会を開き、対応策や指導計画を作成することができました。「ほう・れん・そう」の大原則を守った適切な行動でした。

③A男の父親が「今後の学校とのやり取りには弁護士を仲介させる」と言ってきました。弁護士は依頼者の意向に添って活動することが鉄則です。しかし、事例ではA男とB子との間で起きた問題は、事実を冷静に説明すれば、弁護士であれば、むしろ問題解決のために協力してもらえるはずです。校長が弁護士とトップ会談を行うことが重要と考えます。

④B子の保護者は、A男の進路変更（他校への転学）またはクラス替えを希望しました。しかし、学校は、二人を卒業まで指導することに決めました。当然、教員にとっては長期間に及び、苦労が絶えない方針ですが、入学を許可した以上卒業まで指導を続けることは、学校の使命と言えます。適切な判断であったと思います。

⑤校長のリーダーシップが強く影響したと考えられます。保護者からの進路変更を求める要求や、弁護士を立てて学校とやり取りをしたいといった要望など、対応が難しい点が多くありました。しかし、校長は、

新学期にクラス替えを行い、行事の時などはＡ男とＢ子の動線が交わらないよう工夫しながら、卒業まで一貫して指導を続けました。19ヶ月という長期間の生徒指導は、本当に大変だったと思います。

## 2 懲戒について

東京都教職員研修センターが令和5年3月に発行した「東京都立学校主任の手引き」によると、75ページに「12 生徒の問題行動への指導の目的と手順（高等学校等）」という項目があって、その中で「〈指導の目的〉生徒の問題行動への指導を行う目的は、生徒に自分の行った問題行動について深く反省させ、二度とルール違反をしないという決意をさせるために行うものであり、罰を与えたり、従わなければ排除したりすることではない。」と記述されています。重要な指摘です。

事例の高校では、保護者の要望を聞きながら、しかし、譲れない点は断固として譲らず、結局、二人を卒業まで指導し続けました。この点は大変よかったと思います。

高校では「退学」が認められています。しかし、懲戒として退学を選択するには、慎重に判断する必要があります。生徒の身分をはく奪するからです。本当に、退学以外に選択肢がないと断言できる場合以外には、選択することは許されないと思います。

中学校では「出席停止」があります。出席停止も、様々な条件がそろったうえで、学習権の保障など、生徒にとって十分な配慮をすることが条件になって、初めて実施できる措置です。

懲戒には、法的効果を伴う懲戒と事実上の懲戒があります。学校現場では、適切な判断のもと、効果的な懲戒を選択する必要があります。

# Case7

# 忍び寄るいじめ
## （中学生）
● ● ● ● ● ● ● ● ● ● ● ● ● ● ● ● ● ● ● ●

〈事例〉

## 1　保護者からの連絡

　それは、「うちのＡ男が学校に行きたがらない。いじめられていると言っている。いったい何があったのか」という保護者からの連絡から始まりました。それから教員間で情報収集したり、保護者、本人から聞き取りをしたりして分かった、Ａ男が受けた行為等は以下の通りです。当初から学校側が把握していたわけではありません。どういうことがあったのでしょうか？

## 2　Ａ男が受けた行為

①ある日の帰りの短学活（ショートホームルーム）で司会を担ったＡ男でしたが、開始時にもたつき、同じクラスのＢ男から「早く始めろよ」と声をかけられました。

②しばらく経った日の放課後、Ａ男は同じ部活動に所属するＢ男らと５人で円陣を組み、パスを出し合う練習をしていました。お互いにランダムにパスをしていく中で、Ａ男は、「Ｂ男だけ自分にパスを送ってこない」と感じていました。

③また少し経った日の練習では、Ａ男がミスをするときだけ、Ｂ男は、「しっかりしろよ。がんばれよ」と声をかけていました。

④別の日、教室の隅で、Ｂ男、Ｃ男、Ｄ男、Ｅ男が休み時間に談笑していました。Ａ男が教室に入ると、その４人の誰かが「Ａ男が来た」と小さい声で言い、視線をＡ男に向けました。Ｂ男とＣ男がＡ男を見て、意味なくニヤッと笑いました。Ｄ男はそばにいて、Ｂ男、Ｃ男の行為を見て、「Ａ男は、いやな雰囲気だと思っているだろうな」と感じましたが、そのまま見て見ぬふりをしました。

⑤別の日、Ａ男は塾の時間が繰り上がったため、部活動の練習を休みました。顧問の先生には事前に伝えてあり、了承も得ていました。しかし、そのことを知らないＢ男は、「Ａ男のやつ、部活サボッたな」と思いました。次の日、教室でＢ男はＣ男と二人で、Ａ男に対して、「お前、昨日部活サボッただろ」と言いました。Ａ男は、「顧問の先生にはちゃんと言っておいたよ」と答えましたが、Ｂ男らは、「嘘ついてんじゃないの？」とＡ男に言葉をかけました。

⑥別の日、Ａ男が仲の良いＥ男と休み時間に談笑していました。休み時間が終わるころ、Ｃ男がＥ男に、「ちょっといい」と声を掛けました。Ｅ男は、「何？」と聞き返しましたが、「いいから来て」と言われ、しぶしぶＣ男に付いて行ってしまいました。Ａ男は、「友達と楽しく話している真っ最中に入ってきて、友達をどっかに連れて行ってしまっていやだった」と感じました。

⑦数日後、いつも仲良くしていたＥ男が学校を休みました。Ａ男は昼休みに教室に一人で本を読んでいました。離れたところでＢ男、Ｃ男、Ｄ男らが談笑していました。いやな視線をＡ男は感じました。また、「あいつ（Ａ男）友達いないんじゃない？」と小さな声で言っているのが聞こえた気がしました。

⑧数日後、教室でＢ男、Ｃ男、Ｄ男らとすれ違う時にＡ男は肩をぶつけられました。Ｄ男はＡ男に「ごめん」と小さな声で言いました。Ａ男は、わざとぶつかられたと思いました。

⑨数日後、Ａ男は風邪を引いて学校を休みました。翌日熱は下がり、２時間目から遅れて登校しました。下駄箱の上履きが上下さかさまに置かれていました。教室に入るときに、Ｂ男らから睨まれるような視線をＡ男は感じました。「またサボり？」という言葉がＡ男には聞こえた気がしました。

# 3　聴き取りの結果

　以上が後述するＡ男からの聞き取りにより分かったことです。①は担任も同席していた場面でした。他は、生徒だけでの場面や近くではないところに教員がいる場面でのことでした。一つひとつを見ると大きなものとは感じられないかもしれません。しかし、①のことから⑨のことに至るまで３ヵ月という期間の出来事です。解決されずにＡ男の心に一つひとつが積み重なって行き、ついに限界が来てしまいました。

# 指導の振り返り

## ① 学校いじめ対策委員会

　保護者から、冒頭にある連絡が担任に入ったときに、担任は、「このことか」とすぐに思い浮かぶことはありませんでした。上記の①の短学活の時は、担任も教室にいてB男がA男に対して「早く始めろよ」と一声かけたのも聞いていました。その時担任はA男に、「大丈夫。落ち着いてね」と言葉をかけたことを思い出しました。また、「そんなに傷つくような感じで言われたわけではなかった」とも思いました。

　しかし、本人が「いじめ」を感じ、登校渋りを起こしているため、担任はいち早く学年主任、生徒指導主任に報告し、そこから管理職への報告を経て、「学校いじめ対策委員会」（以下、委員会）を開催し、情報共有と対応方針の策定と実施について話し合うことになりました。

## ② 全容が明らかに

　委員会では、保護者からの連絡と、A男へのいじめと疑われる行為について情報共有を行いました。その時点では教員から新たな情報は出ませんでした。保護者の協力のもと本人から聴き取ることと、周りの生徒から情報を得ることとしました。

　第1段階での対応策は以下のものでした。

ア　A男からの聴き取り
イ　周りの生徒（A男のクラス）からの聞き取り（アンケート形式）

ウ　情報の集約

　エ　Ａ男の安全確保と不安解消（担任、学年教員、養護教諭、ス
　　　クールカウンセラー等）

　オ　いじめを行った生徒の明確化と保護者連絡、個別指導

　カ　いじめを行った生徒への指導のまとめ（反省文執筆）※課題あり

　キ　Ａ男及び保護者への謝罪（いじめを行った生徒及びその保護者
　　　と学校）

　実際は、イの聴き取りからは、社会通念上のいじめを目撃した生徒は
おらず、「クラスの中でＡ男に対してＢ男らがちょっと雰囲気を出す時
があった」旨の記述が数人あり、個別に聴き取りを行いましたが、はっ
きりとはしませんでした。保護者の協力を得て、休んでいるＡ男からの
聴き取りアで全容が明らかになりました。

### ❸　気付きの遅れにより、長期化

　ここで私たち教員は大いに反省しました。３ヶ月もの期間、これらの
行為を継続させてしまったこと、Ａ男の積み重なっていく苦しみに気付
けなかったことです。これらの期間も、授業や諸活動に通常通り参加し
学校生活を送っていたと見えたＡ男でしたが、一つひとつのことが積み
重なりＡ男の心の中でどんどん大きくなっていくということに考えが及
びませんでした。私たち教員は高いアンテナ、高感度のセンサーを持た
なければなりません。

　現在のいじめの定義である、「児童等に対して、当該児童等が在籍す
る学校に在籍している等当該児童等と一定の人的関係にある他の児童等
が行う心理的又は物理的な影響を与える行為（インターネットを通じて
行われるものを含む。）であって、当該行為の対象となった児童等が心
身の苦痛を感じているもの」を意識し、当該行為の対象となった児童等
がどのようなことで心身の苦痛を感じるかをキャッチすることが必要で

す。なお、起こった場所は学校の内外を問いません。

　このいじめ問題の解決後、これを事例とした校内研修会を開催し、全校で学びました。

　教員が説諭し、自分の行動について振り返らせ、思考したことを文章の形にしてさらに振り返り、今後の前向きな行動につなげるなどの「反省文」を活用した指導を行うことがあります。

　この事例においても、オ・カでいじめの事実が判明し、聞き取りをし、説諭して振り返らせて「反省文」を書かせました。「懲戒」の意味も持たせようとしました。しかしながら、関係生徒が書いた反省文からは通り一遍の謝罪は書かれていたものの、教員から見て、今回の事案についてしっかりととらえているとは思えませんでした。一つひとつのことが短時間の仕草であったり、一言であったり、自分も他から言われるようなことであったり、一緒にいただけであったり、意地悪な気持ちでしたわけではないこともあったり、私たちが積み重ねの心身の苦痛を当初から感じられなかったように生徒も同様でした。

　もっと生徒に対して説明し、諭して考えさせる時間が必要でした。例えば、自分が言葉を発していなくても、言葉を発した生徒と一緒にその時いて、にやにやする行為が、いじめられていると感じる生徒側から見れば、「一緒になって自分をいじめている。あざけるように笑っている」と感じることを伝え、考えさせました。

　内容が十分でないと判断したときは、教員が改めて指導するのは当然です。しかしながら、いわゆる書かせたい内容を誘導して書かせていることにはならないか、という疑念がわきました。「反省文」を書かせて「懲戒」とする指導の是非を改めて問う経験となりました。

　いじめを行った生徒への指導について、共通する部分、個別の部分があることを精査し、一人ひとりへの指導の内容方法を立て直し、指導しました。なぜいじめ行為を行うことになったのか、その背後にあることを考えて指導を行うことが大切だと思います。

また、その個別の事情といじめ行為とは切り離して、しっかりといじめ行為についての指導をしなくてはなりません。

## ④　指導の流れ

　今回の事案では、Ｂ男、Ｃ男、Ｄ男のそれぞれの行為は、状況、立場等が同じであるわけではありません。これらを分けて、個別に教え諭す指導を行いました。３名の生徒の反省の気持ちが高まったところで、保護者を交え、謝罪の会を開きました。これも、それぞれの生徒ごとに３回に分けて行いました。冒頭に校長からの謝罪の後、いじめ問題の経緯、いじめを行った生徒、保護者からの謝罪、いじめられた生徒、保護者からの言葉、の流れで進めました。

　Ａ男がとてもつらかった気持ちを理解し、二度としないことを伝えて一応の解決となりました。

　事実を正確につかみ、十分に理解させることが本来の解決に結びついていくと考えます。説諭し、いわゆる教師の望む内容の「反省文」が書ければ解決したと安易に思ってはいけません。今まで行われてきている指導法についても、改めてちょっと立ち止まってその是非や効果を吟味することが必要であることも、この事例から気付かされました。

## 課題解決に導く基礎知識

### 1　問題点の確認

　事例では、「小さな意地悪行為」が積み重なって、Ａ男はいじめられていると感じるようになりました。しかも約3ヶ月もの長期間に及びました。その結果、Ａ男は欠席がちになりました。

　Ａ男の母親からの電話を受けて、学校では「学校いじめ対策委員会」を発足させて、本格的な調査に乗り出しました。この素早い対応はとても良かったと思います。いじめられて苦しんでいる生徒がいることに気付いた教員が、いち早く必要な対応をしたのですから、初期対応としては十分であったと思います。

　事例から、事実を確認することの難しさを実感しました。Ａ男がいじめられていると感じていても周囲の生徒は「クラスの中でＡ男に対してＢ男らがちょっと雰囲気を出す時があった」との意見が数人からあり、いじめの発見の難しさを感じます。Ａ男本人とＢ男をはじめとした周囲の生徒たちとの意識・感じ方の違いが大きいと思います。

　本人が「いじめられた」と感じれば、それはいじめであるという大原則を適用して、学校・教員は対処方法について検討する必要があります。

　事例では、直ちに委員会を設置して、情報を収集して、いじめの実態について明確化できるよう対応しました。しかし、集まる情報は、
「短時間の仕草」
「一言」
「自分も他人から言われるようなこと」
「一緒にいただけ」
「意地悪な気持ちでしたわけではない」
など、およそ「いじめ」の概念からは遠く離れた感覚でした。

　しかし、ここに問題があるのです。いじめられた本人といじめた者や

周囲の生徒との間にある「溝」が重要です。調査に当たった教員も「具体的ないじめ」を感じることは難しかったようです。しかし、Ａ男の気持ちを受け止めて、「いじめ問題」として対処しました。

　『生徒指導提要』では、教職員一人ひとりがいじめの情報を「学校いじめ対策組織」に報告・共有する義務があることを認識すべきである、と記しています。

　「学校いじめ対策組織」を作り、いじめられた生徒の担任や生徒指導主任だけでなく、校長をトップに、すべての教職員がかかわる組織・体制を構築することが重要です。さらに、必要に応じて、学校関係者だけでなく第三者もかかわりながら、事実の把握、実態の究明、指導体制の構築など、問題の解決に向けて組織的に対応することが重要です。

## 2　懲戒の種類

　懲戒には、事実行為としての懲戒と法的効果を伴う懲戒があります。事実行為としての懲戒は、児童生徒への叱責、起立、居残り、宿題や清掃当番の割当て、訓告など、児童生徒の教育を受ける地位や権利に変動をもたらす法的効果を伴わない懲戒のことです。

　法的効果を伴う懲戒は、退学や停学などです。退学は、児童生徒の教育を受ける権利を奪うものであり、停学はその権利を一定期 間停止するものです。

　懲戒と体罰に関する解釈・運用については、「体罰の禁止及び児童生徒理解に基づく指導の徹底について」（平成25年３月13日初等中等教育局長、スポーツ・青少年局長通知）を参照してください。

## 3 事例から学ぶこと

### （1）学校いじめ対策委員会

事例では、いち早く「学校いじめ対策委員会」を開催して、問題点の把握や今後の対策について話し合いました。

『生徒指導提要』では、「学校いじめ対策組織」の例を挙げています。

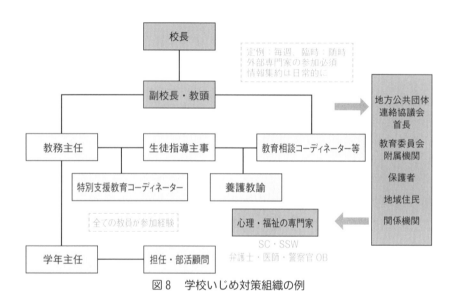

図8　学校いじめ対策組織の例

この例は、外部専門家を加えた、大規模な組織です。学校規模や実態に応じた組織づくりが重要です。

## （2）反省文

　生徒に反省文を書かせた後、その反省文を読みながら面接指導を行う
とよいでしょう。教員が読んで疑問に思ったり、さらに詳しい説明を聞
きたいと思った点を質問するのです。生徒の回答が不十分なら、さらに
質問します。こうして、生徒の考えの不足している部分を再考させて、
真の反省につなげるのです。

　この時も、教員が求める回答を導き出すのではなく、生徒が本心から
反省するのを待ちます。

# Case8

# 仲裁は体罰か？
## （高校生）

• • • • • • • • • • • • • • • • • • • •

〈事例〉

## 1　練習試合の朝のこと

　　K高校は、いわゆる教育困難校でしたが、部活動の指導に力を入れて
いくことにより生徒の学校生活を支えようとの共通認識が教員集団には
ありました。ソフトテニス部の顧問A先生もその一人で、10名ほどの部
員を日々熱心に指導していたのでした。

　　ある日曜日のこと。その日はY高校との練習試合を行うことになって
いました。キャプテンのB男を中心に朝からその準備を始めていたので
すが、副キャプテンのC男が現れません。急遽、電話をいれると30分ほ
ど遅刻してC男は登校してきました。キャプテンとしての責任感からか、
B男は「何やってんだ」と殴りかからんばかりの勢いでC男を罵倒しま
す。顧問のA先生も厳しく叱責した後、「なぜ遅刻した？」と理由を聞
きましたが、ふて腐れているC男は口を開きません。

　　そのあとすぐに相手校の生徒がやってきたため、そのまま練習試合は
始められたのです。


## 2　試合中に突然の暴行

　　練習試合が始まって2時間が過ぎた頃、B男・C男ペアのゲームが接
戦になり、周囲の生徒も注目していました。ところが突然、C男がネッ

トを挟んで立つ相手生徒に頭突きを食らわしたのです。相手の生徒のおでこから血が流れ出すのが見えました。そしてさらに、Ｃ男はネットを飛び越えて、転倒しているその生徒に馬乗りになり、胸ぐらをつかんで、なおも殴りかかろうとしています。

　ベンチでゲームを見守っていたＡ先生は慌てて席を飛び出し、Ｃ男のところへ向かうと、その勢いでＣ男の背中を足で蹴飛ばし、興奮しているＣ男の腕をつかまえて思い切り後ろ手にねじり上げたのでした。Ｃ男はかなり痛かったからかもしれませんが、ようやく我に返ったようにおとなしくなり、Ａ先生には「すみません」と一言つぶやいて、どうにか暴力は収まりました。

　相手校の顧問教諭には丁重に謝罪し、ケガをした生徒の止血をしながらＣ男が頭突きをしてきた経緯を聞き、その連絡先をメモしたところで練習試合を切り上げました。

# 3 その後の展開

　翌日の月曜日、腕に包帯を巻いたＣ男が登校すると、顧問Ａ先生と担任、そして生徒指導主任が改めて事情を聴き、そのまま自宅待機とさせました。

　その夕刻には、保護者同伴で再登校させて、校長から自宅謹慎の申し渡しをしたのです。保護者もＣ男が暴力を振るったことに対しての指導はすぐに受け入れましたが、腕の靱帯損傷というケガをさせたＡ先生の指導には納得した顔を見せないままでした。

　Ｃ男の指導について議論した職員会議でも、Ｃ男の行為に対する懲戒に関しては異論が出ませんでしたが、Ａ先生の行為は「行き過ぎた体罰」に当たらないかという声も上がってはいました。ただ、相手生徒や相手校からの動きが何もなかったことから、校長の判断で「体罰」に関わる教育委員会への報告はなされないことになったのです。

# 指導の振り返り

## ① 両校生徒への事情の聴き取り

　顧問のＡ先生は、Ｃ男がなぜ突然殴りかかるような事態になったのか、その状況をテニスコートで相手生徒から聴き取りました。相手校の顧問の先生も立ち会うなか、その生徒は「たぶん、俺がヘタくそと言ったからでは」と答えたのでした。

　そのあとＣ男にも説明を求めたのですが、Ｃ男は「それもそうなのだが、そのあとに、バカはだからダメなんだよなぁ」と言われたのが激高した理由だと付け加えたのです。テニスのことだけではなく、勉強のできない自分のことを全否定されたような気にさせられたことが、あの暴力のきっかけになったようでした。

　日曜日だったこともあり、Ａ先生はこの一連の出来事を電話で校長と生徒指導主任に連絡し、翌日に対応することを確認しました。

## ② 事実の再確認と特別指導

　翌月曜日。事情を再度聴いた場面ではＣ男の反省ぶりが見られました。生徒指導主任の「馬鹿にされたお前の気持ちはよく分かる。しかし、スポーツに暴力を持ち込んではならない」という厳しくも温かい言葉が響いたようでした。それを受けて、生徒指導主任は校長と相談しながら、①暴力行為の重大性を認識させること、②相手生徒への心からの謝罪、③自分の感情をコントロールする習慣をつけること、などの条件で、家庭謹慎の特別指導に入ることを決めました。

### ❸ 顧問の行為の是非

　包帯をしてやって来たＣ男の姿を目の前にして、生徒指導主任には懸念がありました。また、Ａ先生の当日の指導の在り方を保護者には説明していないことにも不安があったようでした。

　実際、担任が家庭訪問をしたときには、母親からＣ男の靭帯損傷への不満をぶつけられていたのです。母親としては、いくら突発的な暴力であったとしても、それを止める手段としてここまでやる必要があったのか、というＡ先生への不信感と不満だったのでしょう。

　このことは職員会議の場でも指摘され、Ａ先生は「何らかの力の行使をしないかぎり、Ｃ男の暴力行為は止められないと判断した。これ以上の暴力が続けば相手生徒がどうなってしまうかとも思った」と弁明していました。生徒指導主任は、「Ａ先生の行為と体罰との関係を議論するのは難しい」と前置きし、校長や教頭との協議を継続していくと発言してその会議を一端閉じたのでした。

### ❹ 生徒指導主任の対応

　こののち生徒指導主任は、暴力を受けた生徒と相手校がこの件をどう捉えているかということと、Ｃ男と保護者の意向を確認することにしました。

　まず、相手校の顧問は「さらにエスカレートしそうなあの場面なら、Ａ先生の行為も仕方ないです」という見解で、当事者の生徒も「侮辱的な発言だった」と自分の責任を口にしているとの確認をとりました。

　また、Ｃ男は「先生のことは信頼している。キャプテンに遅刻を怒られてムカついていて、そのときにあの発言があったから爆発してしまった。俺のせいだから」と主張しつづけるため、Ｃ男の保護者は、それ以降この件には触れなくなっていました。

## ❺ 校長の対応

　校長はＡ先生に対して、この練習試合当日の詳細を文書で説明することを求めていました。また、特別指導中に２回ほど登校謹慎もさせていたＣ男には、校長室で直接面談もして本人のケガの状況や当日の状況を聴き取ってもいました。

　そういった手続きを経て、校長は平成25年に文科省が示した「体罰の禁止及び児童生徒理解に基づく指導の徹底について（通知）」を根拠に、Ａ先生の今回の指導の在り方について判断を示したのです。それは「他の児童生徒に被害を及ぼすような暴力行為に対して、これを制止したり、目前の危険を回避したりするためにやむを得ずした有形力の行使についても、同様に体罰に当たらない」とあるように、Ａ先生の行為はこれに該当するとしたものでした。

　そのうえでＡ先生には、①相手校への説明とＣ男の行為への謝罪を行うこと、②今回の指導行為は決して適切ではなかったこと、③日常的な体罰につながらないような部員との信頼関係を築いておくこと、などの確認をして、この件についての議論を終わらせました。

　その後の職員会議では、生徒指導主任からこの間の説明がありました。一部の教員からは「これを正当行為としていいのか」「信頼関係があれば、こういった行為は体罰にならないのか」等の囁きは聞こえてきましたが、大きな議論に発展することもなく、次の議題に移っていったのでした。

　会議後の雑談では、「体罰の問題は、やはり同僚を糾弾するようなことになってしまうから発言は難しいよね」という声や、「何をもって体罰と言うかが曖昧だから話がしづらくなるんだよ」という話も出ていましたが、その後のＫ高校では、この問題は話題にならなくなっていきました。

## 課題解決に導く基礎知識

### 1 文部科学省の通知

平成25年3月13日に文部科学省は、「体罰の禁止及び児童生徒理解に基づく指導の徹底について（通知）」を発出しました。内容は以下の通りです。

#### 1 体罰の禁止及び懲戒について

「体罰は、学校教育法第11条において禁止されており、校長及び教員（以下「教員等」という。）は、児童生徒への指導に当たり、いかなる場合も体罰を行ってはならない。体罰は、違法行為であるのみならず、児童生徒の心身に深刻な悪影響を与え、教員等及び学校への信頼を失墜させる行為である。

体罰により正常な倫理観を養うことはできず、むしろ児童生徒に力による解決への志向を助長させ、いじめや暴力行為などの連鎖を生む恐れがある。もとより教員等は 指導に当たり、児童生徒一人ひとりをよく理解し、適切な信頼関係を築くことが重要であり、このために日頃から自らの指導の在り方を見直し、指導力の向上に取り組むことが必要である。懲戒が必要と認める状況においても、決して体罰によることなく、児童生徒の規範意識や社会性の育成を図るよう、適切に懲戒を行い、粘り強く指導することが必要である。

ここでいう懲戒とは、学校教育法施行規則に定める退学（公立義務教育諸学校に在籍する学齢児童生徒を除く。）、停学（義務教育諸学校に在籍する学齢児童生徒を除く。）、訓告のほか、児童生徒に肉体的苦痛を与えるものでない限り、通常、懲戒権の範囲内と判断されると考えられる行為として、注意、叱責、居残り、別室指導、起立、宿題、清掃、学校当番の割当て、文書指導などがある。」

## 2 懲戒と体罰の区別について

「(1)教員等が児童生徒に対して行った懲戒行為が体罰に当たるかどうかは、当該児童生徒の年齢、健康、心身の発達状況、当該行為が行われた場所的及び時間的環境、懲戒の態様等の諸条件を総合的に考え、個々の事案ごとに判断する必要がある。この際、単に、懲戒行為をした教員等や、懲戒行為を受けた児童生徒・保護者の主観のみにより判断するのではなく、諸条件を客観的に考慮して判断すべきである。

(2)(1)により、その懲戒の内容が身体的性質のもの、すなわち、身体に対する侵害を内容とするもの(殴る、蹴る等)、児童生徒に肉体的苦痛を与えるようなもの(正座・直立等特定の姿勢を長時間にわたって保持させる等)に当たると判断された場合は、体罰に該当する。」

## 3 正当防衛及び正当行為について

「(1)児童生徒の暴力行為等に対しては、毅然とした姿勢で教職員一体となって対応し、児童生徒が安心して学べる環境を確保することが必要である

(2)児童生徒から教員等に対する暴力行為に対して、教員等が防衛のためにやむを得ずした有形力の行使は、もとより教育上の措置たる懲戒行為として行われたものではなく、これにより身体への侵害又は肉体的苦痛を与えた場合は体罰には該当しない。また、他の児童生徒に被害を及ぼすような暴力行為に対して、これを制止したり、目前の危険を回避したりするためにやむを得ずした有形力の行使についても、同様に体罰に当たらない。これらの行為については、正当防衛又は正当行為等として刑事上又は民事上の責めを免れうる。」

## 2 懲戒と体罰の関係

　学校教育法第11条「校長及び教員は、教育上必要があると認めるときは、文部科学大臣の定めるところにより、児童、生徒及び学生に懲戒を加えることができる。ただし、体罰を加えることはできない」と規定しています。懲戒として肉体的な苦痛を与える行為が体罰です。事例のような、対生徒暴力に対して実力で制止する行為は体罰ではありません。体罰と暴力は異なる概念です。

## 3 正当防衛と過剰防衛

刑法第36条には次のように規定しています。

> 1　急迫不正の侵害に対して、自己又は他人の権利を防衛するため、やむを得ずにした行為は、罰しない。
> 2　防衛の程度を超えた行為は、情状により、その刑を減軽し、又は免除することができる。

刑法第36条の第1項が正当防衛の規定です。要件は以下の通りです。

> ①緊急不正の侵害
> ②自己または他人の権利の防衛
> ③やむを得ずにした行為（必要性、相当性）

　事例の行為は正当防衛にあたると思います。教員は、対教師暴力や生徒暴力に対して毅然として正当防衛を行使してよいと考えます。体罰には当たりません。
　刑法第36条の第2項が過剰防衛の規定です。防衛の意思で反撃したが、

防衛の程度を超えてしまった場合です。

　正当防衛は違法性が阻却されるため、犯罪が成立しません。過剰防衛は犯罪として成立しますが、情状によって刑が減刑または免除されることになります。

　保護者及び生徒から訴えがあれば、しかるべき専門家に相談して、解決を図ることも検討する必要があります。法律の規定について、われわれ教員は専門家ではありませんから、的確な判断ができない場合もあります。教育委員会に報告・相談するなどして、適切な対応をするよう努力することが重要です。

　この事例でも「家庭謹慎」の特別指導を行ったとの記述がありました。近年、「学校謹慎」「登校謹慎」といって、生徒を家庭に置かず、登校させて学校で指導をする方法が主流です。昼間、家庭に指導・監督する家族がいない場合が多いからです。

# Chapter 3

## 指導死

# Case9

# カンニングを疑われ、
# 指導後に自殺（高校生）

• • • • • • • • • • • • • • • • • •

〈事例〉

## 1　概要

　平成16年 5 月26日中間考査最終日のことです。県立Ｔ高校 3 年生のＭ
男は、 1 時間目に日本史、 2 時間目に物理、 3 時間目に英語のテストを
受けました。 2 時間目の物理の試験中にＭ男が消しゴムに巻きつけた、
文字が書かれたペーパーを見ているところを試験監督のＹ1教諭が発見
し、Ｍ男に声をかけました。するとＭ男は、ペーパーを消しゴムととも
に上着のポケットにしまい込みました。その後、監督のＹ1教諭がＭ男
からペーパーの提出を受け、受領しました。職員室に戻り、内容を確認
したところ、物理の公式ではなく、日本史に関する事項が書かれていま
した。

　その日の放課後、午後零時ころから約 1 時間45分を費やして、視聴覚
準備室で教員 5 名が同席してＭ男の事実調査を行いました。

　 1 時間目の日本史の試験でカンニングをした事実はありませんでした。
それでは何故 2 時間目の物理の試験中に日本史に関する事項が書かれた
ペーパーを巻きつけた消しゴムを見ていたのか、疑問が残りました。

　Ｍ男はその理由として、物理の試験が難しくて早々に諦めたので、 1
時間目の日本史の復習をしていたと言いました。

　事実調査が終了し、Ｍ男は帰宅を許されました。この間、昼食の時間
帯ではありましたが、食事を与えませんでした。また、途中トイレにも

行かせませんでした。裁判では、この点が争点の一つになりました。

　M男はその日午後 5 時43分ころ、母親の携帯電話に「ほんとにほんとに迷惑ばっかかけてごめんね」という文面のメールを送りました。また、友人に対して「ずっとずっと好きだった」という文面のメールを送りました。

　その後、M男は帰宅途中、マンションの立体駐車場から飛び降りて重症を負い、搬送先の病院で死亡が確認されたのです。警察は捜査の結果、M男は自殺したものと推認できると結論付けました。

　この間、学校の生徒指導委員会は、M男が試験に不必要なものを持ち込んだものと認定し、指導原案として「校長注意」とするのが妥当であるとの結論に達しました。M男が試験に不必要なペーパーを持ち込んだことは，T高校の「定期考査受験上の心得」に抵触する行為でした。

## 2　訴訟の提起

　原告（生徒の母親）の次男M男が、中間考査中にカンニング行為を行った疑いがあるとして、同校の教諭等から事情を聴かれた後死亡したことに関し、原告はT高校の設置者である被告（県）に対し、事実確認に関与した同校の教諭等5人に、生徒に対する安全配慮義務違反があると主張して、国家賠償法第1条1項又は民法415条に基づき、8千万円の支払いを求めて裁判を起こしました。

## 3　裁判所の結論

　県立T高校の3年生M男が、中間考査中に行った行為について、同校の教諭らから事情を聴かれた後死亡したことに関し、生徒の母親が生徒に対する安全配慮義務違反（指導による精神的不安、用便に行かせなかった、昼食を与えなかった等）があると主張して，損害賠償を求めた事案です。判決では、生徒の死を自殺と認め、カンニングと疑われる行為についての本件事実確認が、教師の生徒に対する指導の一環として、合理的範囲を逸脱した違法なものということはできず、教諭らにM男に対する安全配慮義務違反は認められないとして、原告の請求を棄却しました。

　主文では「1　原告の請求を棄却する。2　訴訟費用は原告の負担とする」と判示しました。

# 指導の振り返り

## ❶ 事実確認の状況

中間考査最終日の平成16年5月26日、2時限目にM男が物理の試験を受験した際に、試験監督であったY1教諭は、M男が消しゴムに巻かれて文字が記載されているペーパーを見ているのを発見し、M男からペーパーの提出を受けました。同教諭は、職員室に戻った後に内容を確認したところ、同ペーパーには日本史に関する事項が記載されていました。

試験終了後、午後零時頃から午後1時45分頃まで視聴覚準備室でM男に対する事実確認を行いました。事実確認には、開始時にはY1教諭（理科担当で、2時間目の当該試験監督）とY5教諭（3学年の生活係＝生徒指導係の補佐役）が立ち会いました。

その後、午後零時8分頃にはY2教諭（2学年の生活指導係で、1時間目の日本史の試験監督）が、午後零時10分頃にはY3教諭（英語科教諭でM男の2・3年次の担任）が、午後零時15分頃にはY4教諭（理科担当で、3学年の生活係）が入室し、合計5名の教諭が事実確認に関与しました。

その後、午後零時50分頃にY5教諭が、午後1時40分頃にY1教諭、Y2教諭、Y4教諭が退出し、最後にはM男とY3教諭のみが準備室に残った状況でした。

## ② 不審な行為の発見

　物理の試験開始後、20〜30分経過した後、教室を巡回していたY1教諭は、M男が左手を伸ばし、左手首付近に大きな消しゴムを置き、その消しゴムを見ながら解答を記入していることに気付きました。

　そこでY1教諭は、M男に対して小声で「消しゴムを出してください」と言いましたが、M男は拒否しました。Y1教諭はM男に対し、数回、消しゴムを出すように言いましたが、M男は右手をポケットに入れて、黙ったまま消しゴムを出しませんでした。Y1教諭とM男との間に、約10分間にわたり、同様のやり取りが繰り返されました。

　その後、M男はポケットから握りつぶされてくしゃくしゃになった紙を取り出し、Y1教諭に手渡しました。Y1教諭は、その紙を直ちに手帳の間に挟み、上着の胸ポケットにしまいました。その際、Y1教諭は紙の大きさは確認しましたが、文字や内容までは確認しませんでした。Y1教諭は紙を受け取った後、M男に対して試験を続行するよう指示しました。

　Y1教諭は、3時間目の試験が終了した午前11時50分頃、3年1組の教室に行き、待機していたM男に対して、荷物をまとめた上で視聴覚準備室に行くことを伝えました。Y1教諭はM男に対して、当日の予定や体調等について確認はしませんでしたが、M男はY1教諭の指示に特に嫌がることもなく従い、視聴覚準備室に行きました。

## ③ 指導の方法と経緯

　事実確認は午後零時頃から、視聴覚準備室で開始しました。具体的には、教諭らがM男に対し質問し、それに対してM男が答える方法で進行しました。またM男は、教諭らの指示により、試験にペーパーを持ち込んだ経緯について、紙に整理して記載しました。M男は、教諭らの指示により、紙に記載した事項を音読したり、その紙を教諭らが回し読みすることもありました。

ペーパーを試験に持ち込んだ経緯について、M男は紙に次のように記載しました。

今朝、日本史でまとめたノートの一部がどうしても覚えられずコピーしてしまいました。しかし、日本史のテストの席順が一番前だったのであきらめて物理のテストを早々に終わらせて、答え合わせというか確認するために持ち込みました。

カンニングをする目的でペーパーを持ち込んだことを認めましたが、実際にはカンニングはしなかったというのです。

物理の試験中に日本史に関する内容を記載したペーパーを持ち込んだ理由を次のように言いました。

１時間目の復習というか、見直しをしたかったからです」と答えました。さらに「物理は受験科目じゃないので、あまり勉強してなくて、問題が難しかったので、受験科目である日本史の復習をした方がいいと思った。家でやるよりもここの試験中のほうが静かで、勉強するのにうんとやりやすいんです。

Y2教諭は、M男のカンニング行為を現認したわけではなく、結局、事実確認の時点で、M男が１時間目の日本史の試験に際して、カンニング行為をした事実は認められませんでした。

④  争点

争点の１つ目は、M男が立体駐車場から落下して骨折し、その後死亡が確認されましたが、事故死か自殺かという点が争点になりました。

次に、事実調査のために、１時間45分かけて事実調査を行い、５名の教員がM男を取り囲んだ形で事実調査を行った点、この間に昼食を与え

ず、トイレにも行かせなかった点に、原告（M男の母親）から安全配慮義務違反があったとの指摘がありました。この点が争点の2つ目です。

## ❺　判決の要旨

　理由　争点1の「M男の死亡が自殺によるものか否か」について「警察署の捜査結果によれば、…(中略)…本件駐車場2階部分から、フェンスを越えて自ら飛び降り、その結果死亡したと推認することができる」と、自殺と認定しました。

　争点2の「教諭らの安全配慮義務の有無」について、事実確認を行った準備室は「教室としては狭いとはいえ、…(中略)…本件事実確認の性質上、同室を場所として選択したことは適切だったということができる。」

　時間については「昼食時間と重なったこと、途中で一度も休憩等をはさまなかったことについては、回顧的にみれば、もう少し配慮があってもよかったとは思われるものの、M男自身が、トイレ休憩や体調不良を訴えたことは一度もなかったことに照らすと、本件事実確認が結果として1時間45分に及んだことが、ことさらに不相当であるということはできない」と判示しました。

## 課題解決に導く基礎知識

### 1 「指導死」の出現

　「指導死」とは、生徒指導を受けた後に生徒が自殺をした事例を、その遺族が呼んだ言葉です。今回の事例では、生徒指導と自殺との因果関係が不明との理由で、裁判では遺族が敗訴しました。「いじめ自殺事件」は定着しましたが「指導死」はなじみが薄いと思います。しかし、教員として知っておく必要があります。

　事例と指導の経緯をみると、問題点が浮かびます。それぞれの問題点について、詳しく解説します。

### 2 カンニングの有無

　事実調べを行った教員は、M男の発言を信用しています。M男が日本史のカンニングをしようと思ってカンニングペーパーを用意したのですが、試験の際の座席が一番前であったため、あきらめたという意見を受け入れて、日本史の時間にカンニングは行わなかったと認定しました。さらに、物理の時間に日本史の事項を書いたペーパーを見ていたという主張も受け入れました。

　その結果、M男はカンニングをしてないとの結論に至りました。しかし、学校の生徒指導委員会は、M男が試験に不必要なものを持ち込んだものと認定し、指導原案として「校長注意」とするのが妥当であるとの結論に達しました。

　なお、最終的な結論は、翌日の職員会議を経て決定するため、M男に伝えることはできませんでした。そのため、「帰宅したら保護者に今日の出来事（カンニング行為の疑いで事実調べを受けたこと）について説明すること。保護者が帰宅する頃に学校から電話連絡をすること」を伝

えただけで、事実調査の結果については何も言わずに帰宅させました。
そして、M男は帰宅途中に飛び降り自殺をしたのです。

## 3 判決の検討

判決では「回顧的にみれば、もう少し配慮があってもよかった」「教育的な指導を逸脱した違法なものとまではいい難い」「本件事実確認が直ちに違法と認めることはできない」等、指導の適否への踏み込みに消極的な指摘が多かったと思います。

さらに、「カンニング行為を行ったか、少なくともその疑いが極めて濃厚と認めざるを得ない」との指摘があります。学校教育法施行規則第26条の懲戒規定を持ち出すまでもありませんが、思春期の多感な生徒に対する指導は細心の注意が必要であるのに、教員の配慮が不十分でした。この点も指摘すべきでした。

## 4 控訴審判決

母親は、一審の判決に納得がいかず控訴しました。平成21年7月30日に東京高裁は「請求棄却」の判決を下しました。母親は最高裁への上告も考えましたが、断念しました。裁判は時間がかかるだけでなく、指導を正面から扱うことが期待できない司法に「見切り」をつけたのです。今後は市民運動を通じて、学校・教師が適切な生徒指導を行うよう訴えることにしました。

## 5 『生徒指導提要』を読む

『生徒指導提要』(令和4年)の3.6.2「懲戒と体罰、不適切な指導」という項目の中で、「指導を行った後には、児童生徒を一人にせず、心

身の状況を観察するなど、指導後のフォローを行うことが大切です。加えて、教職員による不適切な指導等が不登校や自殺のきっかけになる場合もある」と説明しています。

不適切な指導例の例示の中に「指導後に教室に一人にする、一人で帰らせる、保護者に連絡しないなど、適切なフォローを行わない」という例示があります。今回の事件で抜け落ちた点ではないでしょうか。

『生徒指導提要』には、「不適切な指導」と称して、詳しい解説が記載されましたので、引用します。

> 身体的な侵害や、肉体的苦痛を与える行為でなくても、いたずらに注意や過度な叱責を繰り返すことは、児童生徒のストレスや不安感を高め、自信や意欲を喪失させるなど、児童生徒を精神的に追い詰めることにつながりかねません。教職員にとっては日常的な声掛けや指導であっても、児童生徒や個々の状況によって受け止めが異なることから、特定の児童生徒のみならず、全体への過度な叱責等に対しても、児童生徒が圧力と感じる場合もあることを考慮しなければなりません。そのため、指導を行った後には、児童生徒を一人にせず、心身の状況を観察するなど、指導後のフォローを行うことが大切です。加えて、教職員による不適切な指導等が不登校や自殺のきっかけになる場合もあることから、体罰や不適切な言動等が、部活動を含めた学校生活全体において、いかなる児童生徒に対しても決して許されないことに留意する必要があります。

# 6 まとめ

カンニングの疑いをかけられ、長時間の事実確認を受けて落胆し、母親に迷惑をかけたことを悔やみ、自殺へと駆り立てられた生徒の心情は理解できます。5人の教員がM男を取り囲むようにして座り、長時間か

けて事実確認を行ったことを、裁判官は認めていながら「教育的な指導を逸脱した違法なものとまではいい難い」「直ちに違法とは言えない」と判示しました。

　しかし、多感な時期にある高校生を指導教育している教員は、生徒の心情には細心の注意と配慮をすることが絶対的に必要です。

　生徒は躓いたり、失敗をしながら成長する存在です。そう考えるなら、事例のカンニング行為の疑いがある生徒に対して、もう少し違った指導ができたのではないでしょうか。また、裁判官は教師に対して教訓的な判決理由を述べてほしかったと思います。

　Ｔ高校の生徒指導委員会が指導原案として「校長注意」とした点は適当でした。しかし、それならＭ男に対して希望を与えるような接し方をしてほしかったと思います。

　事実調査を行うことには指導効果が期待できます。つまり、事実調査を通して生徒に考えさせ、反省させることが可能であるため、事実調査それ自体が有効な生徒指導であるといえます。教師はこの事例を教訓に、「指導死」を起こすことがないよう努めてほしいと思います。

# Case10

# 指導死の2つの事例
## （中学生・高校生）

● ● ● ● ● ● ● ● ● ● ● ● ● ● ● ● ● ●

　指導死に関する事例が増えてきました。本稿では、2つの事例を紹介して、問題点や留意点について解説します。

## 〈事例〉

## 1　校内でお菓子を食べたことへの指導後、自殺

　9月29日の昼休みに、中学2年生の生徒がお菓子を食べたことを、生徒指導主任が発見しました。その日の帰りの会で担任から「ほかにお菓子を食べた者はいないか」と尋ねられて、R男は自ら担任に申し出ました。

　放課後、会議室で教員12名がR男を含む生徒21名の聞き取り調査を行いました。午後4時半から6時まで1時間半の調査でした。

　最後に3点、宿題が出されました。1つはお菓子を食べた事実について書く。2つ目は、他に反省すべき点があれば書く。3つ目は、これからどう行動するか書く。

　翌9月30日の午前中に再度指導がありましたが、R男は、病院で検査の予約をしていたため、欠席しました。この日指導を受けた生徒には「今夜、担任が各家庭に電話連絡すること、その前に自分から親へお菓子の件の話をしておくこと」などの指示が出されていました。R男は欠席していて、このことは知りませんでした。午後9時過ぎに担任から母親に電話連絡がありました。

母親から「お菓子を食べたんだって」と言われて、R男は「うん、ご
めんね」と答えました。母親は、担任から言われた決意表明のことと自
分が学校に行くことを伝えました。
　R男はショックを受けているようでした。その40分後、ドスンという
大きな音がしたので、10階の自宅の開放廊下から下を見ると、R男が倒
れていました。

R男の机の上に「反省文」がありました。「友達がお菓子を食べているのを見て、僕も食べたくなってもらって食べました。今思えば本当にバカな事をしてしまったと思います」「議長で中央委員で部長で班長でみんなにたくさんお仕事を任されている自分が…（中略）…自分自身が食べてしまったのが情けないです」「仕事を進んでやりみんなのクラス、学年の役に立てるようがんばります」「今後ぜったいにこのような事が無いように気を付けて学校生活を送ります。すいませんでした」と書かれてありました。

　さらに「死にます　ごめんなさい…（中略）…じゃあね　ごめんなさいR男」と乱れた字で書かれた遺書がありました。

## 2　バスケットボール部員が顧問の暴行を受け、自殺

　高校のバスケットボール部の顧問は、チームの強化やプレーの向上のためには、体罰を伴う指導が効果的であると考えていました。体罰を伴う指導が、対抗試合の勝利につながる有効手段であると確信していたのです。顧問の体罰を伴う指導は、卒業生や保護者から高い評価を得ていました。そのため、部活動の指導をする上で、体罰は是認・推奨されていたのです。この顧問の指導を受けて、チームは全国大会に出場する常連チームに成長していきました。

　しかし、その陰で、つらい思いをしている生徒もいました。顧問の体罰は、試合会場でも行われることがありました。その様子を、試合を見に来た観覧者が動画に撮影していました。

　練習試合でも、チームが思うようなプレーができなかった場合、部をまとめるキャプテンが責任を負わされて、繰り返し何十回も平手打ちされていました。キャプテンの生徒は、顧問から殴られたあと、帰宅前に母親に気付かれないよう血痕による汚れが無いか確認してから帰るようにしていました。

　高校のバスケットボール部の顧問は、キャプテンの男子生徒に恒常的な怒号と暴行を与え続けてきました。ある日顧問は、キャプテンである男子部員の顔面や頭部を数十回殴打しました。男子生徒は帰宅後、自室で首つり自殺を図ったのです。心肺停止状態で母親に発見され、搬送された病院で死亡が確認されました。

　キャプテンの男子生徒は、顧問の指導方法に疑問を持っていたため、自分の意見を書いた意見書を、一度は顧問に渡そうとしましたが、他の部員から止められたため、渡すことができませんでした。

# 指導の振り返り

## ❶ 校内でお菓子を食べたことへの指導

　警察の調書の作成が終わった30分後に、校長、教頭、担任が自宅を訪ねてきました。反省文と遺書を見せると、担任は「この反省文、私にいただけないでしょうか」と言いました。校長は全校集会を開き「命の大切さを伝えたい」と言ったのです。わが子が死亡した直後に「反省文がほしい」とか「命の大切さ」というのは、Ｒ男は命を大切にしなかったとでもいうのかと不快な気持ちになり、父親は、この学校はどこかおかしいと感じたそうです。

　学年主任は、学校ではお菓子を食べないよう徹底してきた理由について、お菓子の指導を怠ると、ガムに移行して、例えば廊下に吐き捨てることも起きます。さらに、授業中にお菓子を食べるような状態になることも予想できます。このような状態が蔓延して無感覚になってくると、本来守るべき基本的なルールが破られることになると説明しました。お菓子の指導をきっかけに、前向きな学校生活を送ってもらいたいと考えています。お菓子を見逃すと、学校が荒れる、だから学校ではお菓子を食べないよう徹底するのですと、説明します。

　しかし、生徒たちにとって、お菓子の指導から始まり、様々な指導によって、学校が居心地の良い場所ではなくなっているようです。子どもたちの多くは息を詰まらせているように見えると、父親は感想を述べています。

　子どもの死後、校長は毎日お線香を上げに来ました。しかし、子ども

がお菓子を食べたいきさつや、自殺翌日の30日に行われた指導の内容について質問しても、校長からは何の説明もありませんでした。学校からは何の情報も得られないと思い、教育長に面会を申し入れました。しかし、多忙を理由に断られました。校長にも教育委員会にも、何度も説明を求めましたが、納得できる説明はありませんでした。

　臨時保護者会で校長は「調査中」と答えるだけで、何ら情報が得られませんでした。そのため、のちに、中学校の保護者の有志が、情報を提供できる場を作ろうと考えて、市民グループの会を立ち上げてくれました。

　R男の自殺を報じたマスコミの報道を通じて関心を持った方々から質問も届きました。このような状況の中で、市議会議員が市議会で生徒の自死を取り上げる質問をしました。この質問に対して教育長と学校教育部は「指導に問題はない」との発言を繰り返しました。この一般質問をきっかけに、マスコミが報道をはじめました。ところが、PTAなどはR男の父親に対する批判を強めるようになったのです。

　結局、何もわからず、問題解決のためには法的手段が必要と考えて、弁護士を介して学校と教育委員会と折衝を続けました。学校を安心して通える所にするためにも「指導死」をなくす活動を続けることにしたのです。

### ② バスケットボール部員が顧問の暴行を受ける

　顧問教諭は、自殺した部員の生徒の自宅を訪れたあと、電話で高校のバスケットボール部の指導者として復帰できるよう、遺族の了解を取り付けようとしました。顧問教諭は自分自身が顧問を続けたいがための依頼の電話であり、保身のための要望ともいえる内容でした。遺族は憤りを覚え、顧問を相手取って刑事告訴に踏み切りました。

　その後、大阪市が高校の内外での実態調査を実施しました。大阪市教育委員会は、当該高校のバスケットボール部の無期限活動停止を決定し

ました。同時に校長の更迭も決定しました。

　大阪市教育委員会は、当該高校の体育及びスポーツ健康学科の入学者選抜（入試）の中止を決定しました。この学科では、バスケットボール部だけでなく、ほかの部活動でも体罰が横行していることが判明したため、体罰・暴力を一掃することを目指した決定でした。在籍する生徒や入学を希望する中学生から大きな反発がありましたが、市長も含めて、この決定を敢行することにしたのです。

　保護者の間では、顧問教諭を擁護する声も多く上がりました。しかし、市長及び教育委員会は決定を貫くことにしました。さらに教育委員会は、顧問教諭を懲戒免職処分としました。

　その後、元顧問は暴行と傷害の罪で大阪地検に在宅起訴されました。約3ヶ月後、元顧問自ら生徒が自殺に至った責任を認めたため、懲役1年、執行猶予3年の有罪判決が下されました。

　民事裁判も行われ、大阪地裁は元顧問に対して、延滞遅延金を含む賠償額（約8720万円）の半額（訳4360万円）を支払う判決を下しました。

「指導死」は、生徒指導をきっかけに、あるいは原因として子どもが自殺したことを意味する言葉です。「指導死」という語は、子どもを失った遺族がつくった造語です。

## 1 指導の工夫の必要性

中学2年が、友達からお菓子をもらって食べました。他の生徒が学校でお菓子を食べたことから生徒指導主任から注意を受け、ほかにお菓子を食べた者はいないか、という呼びかけに、自ら名乗り出て指導を受けることになりました。21名という大勢の生徒が一度に指導を受けることになったのです。事実調べの後、「反省文」の宿題が出されました。

翌日の夜、学校から自宅に電話がありました。母親が電話に出て、用件を聞き、R男にお菓子を食べたことを確認しました。この電話がきっかけになって、大きなショックを受けたようです。電話から約40分後に10階の自宅から飛び降り自殺をしたのです。

生徒が自殺をしたのちの学校の対応に関して、遺族が不満と感じているのが、学校が詳しい説明をしないことです。遺族は、わが子がどのような理由で自死を選んだのか知りたいと思っています。しかし、校長、教育委員会も当初は積極的に説明する態度を示しませんでした。そのことが、遺族に不安感や不信感を抱かせる原因になったのです。

その後、保護者の有志が市民グループを立ち上げたり、議会で話題になったり、マスコミが取り上げるようになり、生徒指導後に自殺した事件に対する関心が高まりました。

今、遺族の方々は指導死をなくすべく、草の根運動を展開しています。本来、生徒指導は生徒の成長発達を願って行われるべき指導であるはずが、単に罰を与えたりすることを重視する傾向があるのではないでしょ

うか。この事例を参考にして、指導死をなくすよう、学校現場でも様々
な工夫をしてほしいと思います。

## 2 体罰をなくすには

　運動部における体罰が自殺に追い込んだ事例です。新しい『生徒指導
提要』（令和 4 年）では、「3.6 生徒指導に関する法制度等の運用体制」
の中の「3.6.2. 懲戒と体罰、不適切な指導」の「（5）部活動における
不適切な指導」の項目の中で、以下の説明があります。

　　部活動は学校教育の一環であり、特定の生徒等に対して執拗かつ
　過度に肉体的・精神的負荷を与えることは教育的指導とは言えない
　ことに留意し、教育活動として適切に実施されなければなりません。
　　さらに、本通知（「体罰の禁止及び児童生徒の理解に基づく指導
　の徹底について」（平成25年 3 月13日初等中等教育局長、スポーツ青少年局
　長通知））においては、上記で示した児童生徒の懲戒・体罰等に関す
　る参考事例がまとめられています。ただし、体罰かどうかの判断は、
　最終的には、（2）で示した諸条件や 部活動に関するガイドライン
　を踏まえ、個々の事案ごとに判断する必要があります。…（中略）…
　　また、たとえ身体的な侵害や、肉体的苦痛を与える行為でなくて
　も、いたずらに注意や過度な叱責を繰り返すことは、児童生徒のス
　トレスや不安感を高め、自信や意欲を喪失させるなど、児童生徒を
　精神的に追い詰めることにつながりかねません。教職員にとっては
　日常的な声掛けや指導であっても、児童生徒や個々の状況によって
　受け止めが異なることから、特定の児童生徒のみならず、全体への
　過度な叱責等に対しても、児童生徒が圧力と感じる場合もあること
　を考慮しなければなりません。そのため、指導を行った後には、児
　童生徒を一人にせず、心身の状況を観察するなど、指導後のフォ

ローを行うことが大切です。加えて、教職員による不適切な指導等
が不登校や自殺のきっかけになる場合もあることから、体罰や不適
切な言動等が、部活動を含めた学校生活全体において、いかなる児
童生徒に対しても決して許されないことに留意する必要があります。

　以上の解説を参考にして、対応策の検討をすることが重要です。
　事例2の場合、顧問教諭は有罪判決を受けて失職しました。また、損
害賠償も請求されています。根拠について説明します。
　公務員が起こした損害賠償問題は、使用者である自治体が賠償責任を
負います。したがって、損害賠償額が確定すると、自治体が支払うこと
になります。しかし、特別の理由があると、自治体が公務員に対して支
払いを請求することができます。根拠となる法律は国家賠償法第1条第
2項の規定です。

「国家賠償法」
第1条　国又は公共団体の公権力の行使に当る公務員が、その職務
を行うについて、故意又は過失によって違法に他人に損害を加えた
ときは、国又は公共団体が、これを賠償する責に任ずる。
2　前項の場合において、公務員に故意又は重大な過失があつたと
きは、国又は公共団体は、その公務員に対して求償権を有する。

　とあるように、国家賠償法第1条第2項の規定に従って、元顧問に支
払いの請求をしたのです。
　元顧問は、チームを強くしたいという思いから、結局体罰による指導
を続けました。確かに、指導効果が上がって、チームは強くなりました。
しかし、体罰によって指導効果が上がったととらえることは短絡的すぎ
るのではないでしょうか。体罰を振るわなくても強いチームはあります。
元顧問はご自身のわずかな経験から体罰を絶対視してしまったようです。

近年、体罰が激減しました。指導者たちがよく考えて指導に当たるようになったからです。しかし、体罰が全くなくなったわけではありません。同じ指導者が繰り返し体罰を振るっているからです。何度も懲戒処分を受けている指導者がいます。この者を排除しなければ、体罰はなくならないのかもしれません。

編集代表
編著者　　**梅澤秀監**（東京女子体育大学）

東京女子体育大学特任教授。國學院大學大学院法学研究科博士課程前期修了、修士（法学）。東京都立高等学校教員を経て、現職。日本特別活動学会、日本生徒指導学会、日本教育法学会、日本道徳教育学会に所属。著書『教育と法の狭間で〜法的アドバイスをもとにした実際の生徒指導事例60〜』（学事出版）、『特別の教科 道徳15講』『生徒指導・進路指導15講』（大学図書出版）、『高校クラス担任の基本とQ&A』（学事出版）ほか多数。

事例提供者　　**黒岩哲彦**（東京弁護士会）

**藤野泰郎**（東京都立石神井高等学校）

**峯岸久枝**（東京都立武蔵高等学校）

**村上昭夫**（東京都公立中学校）

**村木　晃**（東京学芸大学）

# こんなときどうする？生徒指導
# 校則・懲戒・体罰・指導死

2024年2月4日　初版第1刷発行

編著者──梅澤秀監
発行者──鈴木宣昭
発行所──**学事出版株式会社**

〒101-0051　東京都千代田区神田神保町1-2-5　和栗ハトヤビル3F
電話03-3518-9655
https://www.gakuji.co.jp

編集担当　株式会社大学図書出版
イラスト　海瀬祥子
装　　丁　株式会社弾デザイン事務所
印刷製本　精文堂印刷株式会社